U0049778

→ 常聽說但總是似懂非懂的領域──大話題

邏輯

LOGIC：
A GRAPHIC GUIDE

丹·克萊恩 Dan Cryan
夏隆·謝帝爾 Sharron Shatil ── 著

比爾·梅比林 Bill Mayblin ── 繪

賴盈滿 ── 譯

邏輯是什麼？

談話時出現**論證**是再自然也不過的事了。我們常會試著說服對方相信我們說的是對的，我們的結論是順著他們也能接受的前提推導出來的。只要看不出結論如何層層推導出來，說服效果就會大打折扣。許多人談話時自以為做了論證，其實並沒有。

這個論證顯然是笑話，因為結論的真假和支持結論的前提的真假毫無關聯。我們必須確保論證足以延續前提的真確。因此，邏輯其實就是研究*何種論證能確保真確*的學問。

研究句子

我們要如何提出有力的論證呢？古希臘哲學家**亞里斯多德**（384-322 BC）是史上第一個提供論證工具的人。對於論證，他除了研究文法、修辭和詮釋句子的理論，還包括邏輯，而一切就從句子開始。

句子有三種……

1. **單稱句**：蘇格拉底是人。
2. **全稱句**：所有人都會死。
3. **殊稱句**：有些人會死。

不論哪種句子，我們都在表達「某樣或某些東西屬於某類事物或具有某類性質」。

句子裡談論的對象，不論是具體名詞（如「蘇格拉底」或「桌子」）、抽象名詞（如「走路」）或代名詞（「某人」或「所有人」），亞里斯多德都稱之為**主詞**。

句子裡對主詞的描述，從動詞（如「吃」或「摔倒」）、形容詞（如「困難」）到名詞（如「蘇格拉底是人」裡的「人」），亞里斯多德都稱之為**述詞**。

四角對當

亞里斯多德發現，某些主詞加述詞的句子（即主述句）會影響其他主述句的真假。

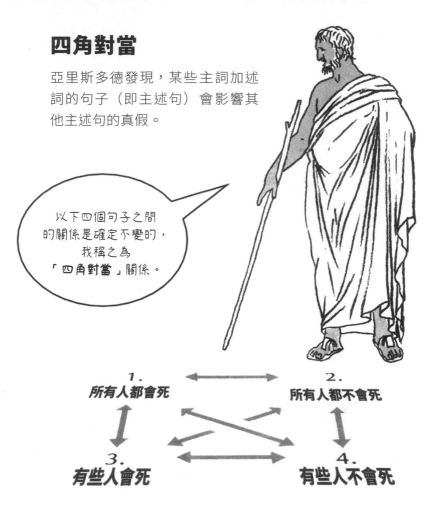

以下四個句子之間的關係是確定不變的，我稱之為「四角對當」關係。

1.
所有人都會死

2.
所有人都不會死

3.
有些人會死

4.
有些人不會死

句子 1 和句子 2 不可能同時為真。

對角的句子 1 和句子 4 屬於「**矛盾**」關係。只要「人」存在，句子 1 和句子 4 就一定會有一句為真，但不可能同時為真；其中一句為真，就能確定另一句為假。

對角的句子 2 和句子 3 也是矛盾關係。

句子 1 和句子 3 可同時為真。若句子 1 為真，則句子 3 絕對為真，但句子 3 為真並不確保句子 1 為真。

句子 2 和句子 4 也是如此。「**所有人都會死**」和「**蘇格拉底會死**」這兩個句子的關係亦然。

三段論

得出四角對當關係後，亞里斯多德發現了一個神奇的事實。以「蘇格拉底是人」這個句子為例，假設我們用三個陳述句組成一個論證，其中第一個陳述句的主詞是第二個陳述句的述詞，而第三個陳述句則是由其餘的詞彙組成，並且將前兩個句子作為**前提**，第三個句子作為**結論**，那麼只要前提為真，就能確保結論為真。

我稱呼這個由三句話組成的句式為**三段論**。從它就能看出某一個論證為何為真，某一個為何為假。

1. 所有人都會死。
2. 蘇格拉底是人。
3. 蘇格拉底會死。

有效

1. 這本書每一頁都是用黑墨水印的。
2. 這幾頁不是用黑墨水印的。
3. 這幾頁不在這本書裡。

有效

1. 我支持兵工廠足球隊。
2. 兵工廠足球隊在倫敦。
3. 兵工廠足球隊會奪冠。

無效

然而，亞里斯多德忘了不只一個述詞的條件句，例如以下這個句子：
「如果蘇格拉底是人，那麼蘇格拉底會死。」

我們現在有兩個理由可以說明「兵工廠足球隊在倫敦，所以兵工廠足球隊會奪冠」的論證為何是錯的。第一個理由來自這三句話的實際內容。就算我確實支持兵工廠足球隊，而且兵工廠足球隊也確實在倫敦，這兩件事實也不保證兵工廠足球隊會奪冠。第二個理由則是來自這個論證的形式：第一前提的述詞不是第二前提的主詞。

話是沒錯，但這個論證不就有效了嗎？

1. 如果我支持兵工廠足球隊，他們就會奪冠。
2. 我確實支持兵工廠足球隊，因此……
3. 兵工廠足球隊會奪冠。

這個論證雖然有效，但還是不成立。因為論證「有效」只擔保一件事，那就是當所有前提為真，結論必然為真，而你舉的例子由於前提為假，因此結論仍然不為真。

既然如此，那這種句式有什麼用？

你待會兒就知道了。

連接詞邏輯

大約一百年後，**克律西波斯**（c.280-c.206 BC）改變了邏輯的關注焦點，從簡單的主述詞陳述句轉向「蘇格拉底是人，*且*芝諾也是人」之類的複合句。這是很大的進展。當時甚至有人說「克律西波斯的邏輯就是神會用的邏輯」。我們稍後會見到，克律西波斯的邏輯也是人類使用的邏輯，只不過我們還得等兩千年才會明白這一點。

使用「且」、「或」和「若…則…」之類的連接詞，就能將多個陳述句串在一起，而且整體的真假完全取決於個別句子的真假。

複合句使用的*連接詞*不同，其真假受個別句子影響的方式也不同。

譬如「或」這個連接詞組可以這樣用，也只有「或」這個連接詞組可以這樣用：

穆罕默德到山那邊，「或」山到穆罕默德這邊。

穆罕默德沒有去山那邊，因此

山到穆罕默德這邊。

根據我對連接詞的定義，就能證明所有複合句的真假都是由最初的陳述句所決定。

其後一千五百年甚至更久，克律西波斯沒有對邏輯留下多少影響。不僅因為他的作品失傳了，只留下他人的轉述，也因為亞里斯多德成了天主教會的心頭好。

萊布尼茲定律

接下來兩千年，邏輯學家建構出愈來愈多三段論，有些甚至前提不只兩個。這些邏輯學家就像煉金術士，拿著概念拼拼湊湊，想辦法生出有效論證。最後有一個人在這股狂熱當中想出了方法，那人就是**萊布尼茲**（1646-1716）。

萊布尼茲想到的方法是將陳述句看成代數裡的等式。等式使用等號（＝）來表達式子兩邊數值相等。

例如：$x^2 + y^2 = z^2$

萊布尼茲將等號帶進邏輯裡，用來指稱 a 和 b 等同。

當 a 的所有性質都是 b 的性質，且 b 的所有性質都是 a 的性質，則 a 與 b 等同。

當我們對 a 與 b 的描述完全相同，則 a 與 b 等同。

這從此被稱為萊布尼茲定律。萊布尼茲將「a=b」分析成兩個不可分割的宣稱：「a 是 b」以及「b 是 a」，並用它們表示「所有 a 都是 b」和「所有 b 都是 a」。

例如，「所有單身漢都是未婚漢，並且所有未婚漢都是單身漢」。

若 a 和 b 等同，那麼陳述句裡的 a 就算換成 b，這個陳述句的真假顯然不會隨之改變。例如，「蘇格拉底是沒結婚的男人，沒結婚的男人是單身漢，因此蘇格拉底是單身漢」。

這個定律很重要，因為有了它，我們就能以有限多的步驟來判斷近乎無限多的句子的真值。萊布尼茲使用的步驟數是四個。

1. a=a
例：「蘇格拉底是蘇格拉底。」

2. 若 a 是 b，且 b 是 c，則 a 是 c
例：「所有人都會死，蘇格拉底是人，所以蘇格拉底會死。」
說「a 是 b」就等於說「所有 a 都是 b」。

這不是跟我的第一個三段論完全一樣嗎？

是沒錯，但我還有步驟三和步驟四……

3. a= 非（非 a）
例：「如果蘇格拉底會死，則蘇格拉底不是不會死的。」

4. a 是 b= 非 b 是非 a
例：「蘇格拉底是人，意思是如果你不是人，你就不是蘇格拉底。」

利用這些簡單的法則，萊布尼茲就能證明所有可能出現的三段論。比起亞里斯多德的四角對當，這才是人類史上第一個真正的真理理論 *，因為它使用事先定下的法則，藉由代換等同的符號（同義詞）來導出結論。

* 譯註：原文為 truth theory，學理上應屬邏輯理論（logical theory）。

歸謬法

萊布尼茲最常用的證明方法是一個極為重要的邏輯工具，深受後世邏輯學家和哲學家喜愛。他稱呼這個方法為**歸謬法**。

這個工具很簡單，卻好用得驚人，自萊布尼茲之後便廣獲使用。我們用一個例子來講最清楚。

14

使用歸謬法時，我們先假設
要檢驗的那個陳述句為真，
再看它能導出哪些結論。

如果導出的結論互相矛盾，我
們就知道那個陳述句是假的，
因為矛盾永遠為假。

> 有些人不喜歡我發明的
> 這個妙方法，因為這個方法假
> 定所有句子都非真即假，
> 卻沒有提出證明。

假

真

歸謬法有一大好處，那就是即
使我們不知道如何證明，也能
判斷一個陳述句的真假；只要
證明這個陳述句的否定會導出
矛盾，就知道它是真的了。

新工具

「我發明的這個工具完全使用理性，是裁決爭議的判官、解釋概念的權威、衡量可能性的天平、指引我們穿越經驗之海的指南針，是萬物的清單、思想的表格、檢視事物的顯微鏡、預測遙遠事物的望遠鏡、通用的演算法、不使詐的魔術、不空妄的計謀，也是人人都能用自己的語言閱讀，所及之處皆會帶來真宗教的經文。」

萊布尼茲致信漢諾威公爵，1679 年

不難想見，天主教會將萊布尼茲視為異端。但「思想有其必然法則」的想法卻對西方哲學家產生了深遠的影響，包括康德、黑格爾、馬克思和羅素。

康德

> 我們都嘗試
> 闡明思想的基本邏輯
> 到底是什麼……

羅素

> 但我們必須明白一件事，
> 那就是萊布尼茲的方法
> 根本不是一種工具，
> 而是一套法典，一套源自思想
> 但必然適用於世界的律法。

黑格爾

馬克思

弗雷格的量詞

哲學百科全書說，現代邏輯始於 1879 年。那年弗雷格出版了《概念文字》，書中提出一套命題演算法，結合了萊布尼茲的證明理論和邏輯連接詞，總算讓克律西波斯重回世人眼前。

但在弗雷格的新發明裡，最重要的首推*量詞*。所謂的量詞就是諸如「全部」、「有些」、「許多」和「絕大多數」之類的詞。這些詞讓我們得以描述一群人事物，例如「有些男人是禿頭」。亞里斯多德將量詞視為陳述句中有待述詞修飾的主詞，但這樣做有時會造成可笑的後果，例如路易斯·卡羅《愛麗絲鏡中奇遇》*的這一段：

「我看見路上沒有人，」愛麗絲說。

「我真希望也有妳這種眼睛，」國王悶悶不樂地說：「能看見沒有人！而且看那麼遠！我只能看見真人……」

* 譯註：原文誤植為
《愛麗絲夢遊仙境》。

對此，弗雷格將量詞視為邏輯上的獨立個體，巧妙避免了這個問題。

他使用兩個量詞「**所有**」和「**至少一個**」來翻譯愛麗絲的話：

我看見路上沒有人＝

所有人我都沒看見他們在路上

或

路上連至少一個人我都沒看見

這個解決辦法雖然很拗口，至少讓我們在邏輯上不致於鬧出《愛麗絲鏡中奇遇》裡的那種笑話。

這個分析讓我們看到，「我看見路上沒有人」和「我看見路上有一位信差」這兩句話為何很不相同。

因為「沒有人」這個詞沒有指涉任何物體。

脈絡原則

弗雷格提出了「脈絡原則」，主張邏輯可處理的最小單位是主述句，又稱作*命題*。換句話說，我們必須以*整句*命題為脈絡，才能掌握命題裡字詞的意義。

以「**我覺得好冷**」這個句子為例。這句話可能在不同場合由不同的人說出口，用同樣五個字表達大不相同的命題，其意義端視這句話*說出*的情境而定。

命題運算

由於弗雷格的邏輯系統以命題為基本單位，因此又稱作命題運算。藉由連接詞，我們可以計算出複合命題的真假。但弗雷格更進一步，證明了連接詞本身也和真假有關。有時某個命題裡的連接詞（例如「**若…則…**」）就算換成其他連接詞（例如「**且**」和「**非／沒有**」），也不會改變命題的真假。

「若你是鳥，則你有翅膀」……

可以改寫成……

「你不可能是鳥且沒有翅膀」

弗雷格的邏輯系統結合了克律西波斯和萊布尼茲兩家之長，既能將所有句子看成單句加邏輯連接詞組成的複合句來分析，又可以藉由代換同義詞來證明兩個句子的同異。而且他還拓展了兩人的理論，納入連接詞之間的等價關係（即可以互相替換）。但弗雷格最大的夢想是由邏輯推演出數學。

康托爾的集合論

弗雷格（1848-1925）活在一個充滿偉大的數學發現與科學發明的時代。在許多新而不同的數學領域之中，模式逐漸湧現。不少數學家開始嘗試找出一套規則，能讓所有數學由之推導而來。弗雷格認為他的命題運算就是答案，但還少了表達數字的工具，而少了表達數字的工具，就無法表達數學。單憑「所有」或「至少有一」這類的量詞做不到這點。當時一門新的數學分支似乎解決了這個難題，那就是由和弗雷格同年代的**康托爾**（1845-1918）發明的*集合論*。

集合是我們所能想到最基本的數學物件。

基本上，集合就是一群元素湊在一起。這些元素不需要有任何共同點；每個集合都包含特定數量的元素，可以和其他集合的元素數量相比較。

22

首先，有些元素同時屬於集合 a 和 b。

這很像我們語言裡「**且**」的用法。

其次，有些元素屬於集合 a 或集合 b。

這很像我們語言裡「**或**」的用法。

最後，有些東西不屬於集合 a。

這顯然像是我們語言裡「**非／不是**」的用法。

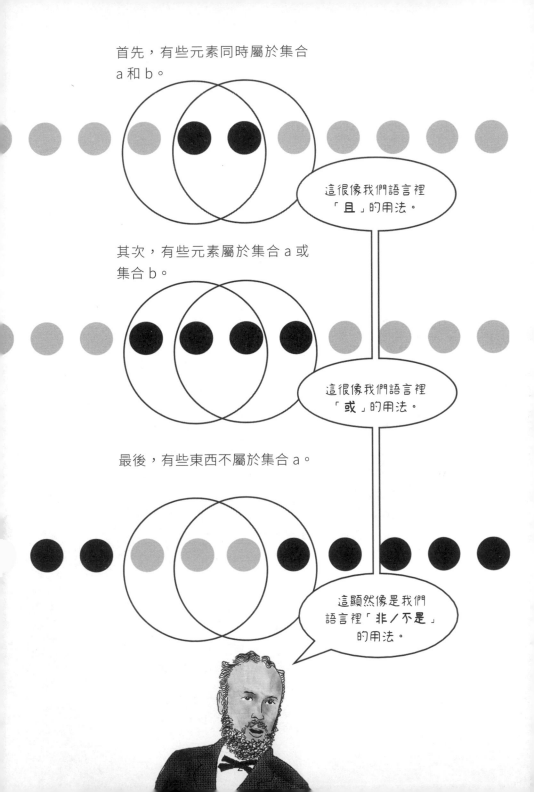

連接詞的用處

我們只需要三個連接詞：**且、或、非／不是**，就能表達所有可能出現的邏輯命題。例如，我們說

「若 a 則 b」

就等於說

「a 和非 b 不可能同時成立。」

羅素悖論

正當弗雷格準備發表他奉獻了大半輩子得出的理論，一位名叫**羅素**（1872-1970）的英國後起之秀卻指出，弗雷格使用集合會導致無可挽回的矛盾。

目前為止感覺沒有什麼問題，但羅素繼續下去⋯⋯

致命缺陷

羅素想表達的是，如果 a 集合是本身的元素，那麼按照定義 a 集合就**不可能**是本身的元素。但如果 a 集合不是本身的元素，那 a 集合就**是**本身的元素。因此，集合 a 既是本身的元素，又不是本身的元素，這就構成了矛盾。據傳，這個顯眼的錯誤讓弗雷格痛徹心扉。

26

表層文法的問題

不過，羅素依然認為弗雷格的想法很有價值。他和好友懷德海打算以集合與邏輯作為數學的基礎。他們想方設法避開弗雷格犯下的矛盾，用了整整兩大冊篇幅試圖找出解決方法，希望將 1+1=2 這樣的事實建立在更不證自明的基礎上……

主詞 動詞 受詞

名詞

邏輯

副詞

> 我心裡冒出一個
> 足以改寫哲學的想法！
> 問題其實出在語言本身！
> 表層文法掩蓋了句子的
> 真正邏輯形式。

表層文法就是學校教的文法，包含名詞、動詞和形容詞等等。這種文法掩蓋了句子的真正形式。羅素認為只要將語言拆解成完美的邏輯結構，許多重大的哲學問題就能迎刃而解。

羅素的邏輯系統

羅素將述詞重新放入命題運算，並進一步發展弗雷格的量詞概念，這樣就能區分「所有」和「有些」，並不再需要分析「存在」是不是述詞，從而避開許多問題。羅素還界定量詞之間的關係，將亞里斯多德的四角對當形式化。

如果我們說「所有鳥都有翅膀」，而且「沒有一隻鳥沒有翅膀」，那我們講的是同一回事。量詞「所有」和「至少有一個」是可以互換的，只要在適當位置加上負號就好。

之前那些邏輯系統個別能做到的，我的系統都能做到，這是史無前例的。

以下面這個句子為例：

「現任法國國王是禿頭。」

這句話是真是假？它可能為真，可能為假，也可能沒有真假。如果為假，難道這表示現任法國國王不是禿頭嗎？如果這句話既不為真，也不為假，顯然表示它什麼也沒宣稱，沒有描述這個世界的任何事。

羅素認為，這句話其實包含三個宣稱：

1. 有一位現任法國國王

2. 只有一位現任法國國王

3. 這位現任法國國王是禿頭

唯有這三個宣稱皆為真，合成句「現任法國國王是禿頭」才為真。我們知道第一個宣稱為假，因此合成句也為假。然而，這不表示這句話反過來就為真，因為這句話反過來可以拆解成以下三句話：

1. 有一位現任法國國王

2. 只有一位現任法國國王

3. 這位現任法國國王不是禿頭

這組句子顯然為假。

維根斯坦的邏輯圖像

直到**維根斯坦**（1889-1951）出現之前，羅素統治了英國哲學界將近十年。1912 年，奧地利猶太人維根斯坦放棄了前途光明的工程師生涯，來到英國拜羅素為師。第一次世界大戰爆發後，他於從軍期間完成了兩部巨著中的第一部：《邏輯哲學論》，將哲學視為分析隱藏邏輯結構的學問，明確攻擊了弗雷格和羅素的學說。理解語言、邏輯與世界的關係，始終是維根斯坦的終極關懷。

他在報紙上讀到，法國法院以汽車模型代表實際發生車禍的車子。這給了他一個絕妙的想法。

只要我們將語言視為世界的圖像，問題就解決了。

任何圖像要能代表現實，一定要和現實有共通之處，也就是邏輯形式——**現實的形式**。維根斯坦認為，世界和語言所必然共有之物，就是邏輯。正因為語言和世界有共通之處，語言才可以用來呈現世界，因此，唯有邏輯能讓我們的句子具有意義。

這正是語言擁有完美邏輯次序的原因，因為我們的句子具有**意義**。

這不是煙斗。

沒錯，這不是煙斗，而是煙斗的邏輯圖像。

不具邏輯形式的圖像不代表任何東西，就好比波洛克或羅斯科的抽象畫沒有描繪任何現實一樣。

「過去常說神能創造萬物，唯有不邏輯的世界例外。其實，我們根本無法描述不邏輯的世界會是如何。」

《邏輯哲學論》 3.031

31

卡納普和維也納學圈

自弗雷格之後，邏輯就和替數學建立基礎及解決語言問題連在了一起。**卡納普**（1891-1970）則是更強調科學。他曾是弗雷格的學生，但深受維根斯坦《邏輯哲學論》影響，是維也納學圈的超級巨星。這群在維也納的哲學家和科學家希望將哲學裡所有無法由科學證實，又不是邏輯定律的部分剷除。卡納普在 1934 年出版的《語言的邏輯句法》裡表示：「哲學應當由科學邏輯取代，而科學邏輯就是科學語言的邏輯句法」。

卡納普應用自己出色的邏輯技巧，嘗試替所有可能存在的形式語言建構出一套嚴謹的陳述。

遺憾的是，卡納普的理論對語言限制太嚴，搞得維也納學圈的成員發現他們往往很難表達自己的見解。「……我們講好由其中一個人負責，只要討論時有人說出不恰當的句子，他就大喊『形』，代表形上學。結果他喊的次數實在太多，搞得我們煩死了，就叫他改在我們說出恰當句子時，大聲喊『不形』。」

容忍原則

讀了《邏輯哲學論》讓我深受啟發，心想我應該單從邏輯和感官經驗就能推導出所有具有意義的句子。

這和我在書裡的說法有出入。我認為意義來自**世界**，而非感官經驗。

卡納普嘗試化約所有語言，但他才著手沒多久就陷入了困境。年長的他已經出過一本很厚的書捍衛自己的激進觀點，也就是《世界的邏輯構造》。後來他又出了一本很厚的書《語言的邏輯句法》，放寬了自己的論點。

卡納普對邏輯發展和形式語言最重要的貢獻當屬「容忍原則」。根據這個原則，我們其實可以擁有*許多*邏輯系統，而非只有一個。任何語言表達，只要有足夠的規則限定其邏輯運用，就都可以接受。

希爾伯特的證明理論

除了弗雷格和羅素嘗試將數學化約成邏輯與集合論，二十世紀初葉還有不少人也努力為數學尋找穩固的邏輯基礎。**希爾伯特**（1862-1943）就是值得一提的例子。他提出一套新的邏輯形式，亦即又稱**元數學**的「證明理論」。

希爾伯特對不同數學分支有什麼共同點很感興趣。他發現任何數學分支都有一組假定為真的公理或陳述，從而導出或證明其他陳述。

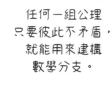

任何一組公理只要彼此不矛盾，就能用來建構數學分支。

我想找到一個方式來檢驗任何一組公理的一致性。

三角函數

算術

任何數學分支只要通過希爾伯特測試，就代表基礎穩固。

一　致　性

哥德爾登場

基本上，希爾伯特的方法建立於一個想法：任何一個數學分支，如幾何學，只要我們無法從其公理導出 1=0 之類的數學謬誤，就能證明它是一致的。希爾伯特和前輩萊布尼茲一樣，都以**歸謬法**為主要工具。

希爾伯特尋找證明方法的嘗試雖然進展不多，倒是引起另一位奧地利人**哥德爾**（1906-78）的注意。這位年輕人後來成了二十世紀最偉大的邏輯學家。

我 23 歲就證明了羅素述詞運算的所有命題都為真，而且任何陳述句只要為真，都能用述詞運算加以證明。用術語來說，就是羅素的系統「一致而完備」。

微
積
分

一 致 性

哥德爾在此發現之後，十年內出版了大量著作，對後來邏輯及數學基礎的所有發展產生了深遠的影響。

哥德爾不完備定理

24 歲那年，哥德爾嘗試將成果擴及算術，卻得出意想不到的結果。他發現任何足夠複雜、能用來當作算術基礎的系統，都是**不完備**的。換句話說，希爾伯特想以有限數量的公理替算術奠立基礎的做法永遠行不通，更別說更複雜的數學分支（如微積分）了。

當時哥德爾在維也納過得非常拮据，他在大學的職位並不支薪。納粹併吞奧地利後，他的朋友與同事紛紛逃往美國。對政治漠不關心的哥德爾原本不想離開，直到他發現自己雖然有嚴重的疑病症，卻還是必須從軍，才斷然決定遠走美國。

哥德爾的精妙證明替現代數理邏輯揭開了序幕。其作品更是主導了邏輯的研究走向，直到今日。

我最後在普林斯頓大學落腳，和愛因斯坦及摩根斯特恩一起組成了堪稱全美最有頭腦的數學系。

和證明理論的關聯

現代邏輯可以分成三個相關領域，分別是**數理**邏輯、*符號*邏輯和*哲學*邏輯。

數理邏輯延續了
統合數學與集合論的計畫。
致力於此的數學家希望找出
不同數學領域的共同性質，
統一所有分支。

符號邏輯
純粹研究符號處理。
這些符號是抽象實體，
無須對應任何事物，
彼此之間的互動則由定義表達。

哲學邏輯嘗試將邏輯應用於
真實概念上；其研究對象並非純粹的
符號，而是真實概念（如或然率和信
念）之間的互動。

這三種邏輯的共同特
色就是它們都倚賴**證
明理論**，讓我們得
以判斷某個陳述
句是否自另一
個陳述句推
導而來。

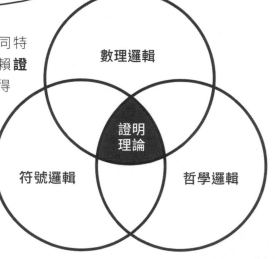

數理邏輯

證明
理論

符號邏輯

哲學邏輯

邏輯式是依據邏輯句法連接而成的一串符號。藉由嚴格定義邏輯句法,證明理論就能推導出邏輯陳述句或邏輯式的邏輯後果。

邏輯句法會影響
陳述句的真假,
因此我以真與假來定義
邏輯句法裡的語詞

例如,只有當「天空陰沈沈的」
和「在下雨」兩句話都為真,
「天空陰沈沈的,而且在下雨」
這句話裡的邏輯連接詞「而且」才為真。

以真和假來定義邏輯連接詞的做法深獲邏輯學家喜愛,幾乎沒有人覺得有必要修改。

然而,根據弗雷格的理論,「**而且**」的真假和句子的**意義**無關。重點是我們知道這個句子不是真就是假,連接詞的表現完全不受句子**說**了什麼所影響。因此,弗雷格才會使用很簡單的符號(如 p 和 q)來代表整個句子——這個做法同樣很快受到邏輯學家的青睞。

維根斯坦的邏輯連接詞表

維根斯坦發明了一套簡單的方法，以表格來呈現邏輯連接詞，省去了使用弗雷格那套系統的煩冗。

假設我們以 **p** 代表「**天空陰沈沈的**」，以 **q** 代表「**在下雨**」，而兩句話都有可能為真或為假，那麼就有四種可能，可以表達如下：

p	q
真	真
真	假
假	真
假	假

我們可以擴展這個表格，以表達連接詞「&（且）」在「p&q」這個句子裡的作用：

> 若 p 為真，且 q 為真，則 p&q 也為真。但只要 p 或 q 為假或兩者皆為假，合成句 p&q 就不可能為真。因此，我們可以得出這個簡單的表格……

p	q	p&q
真	真	真
真	假	假
假	真	假
假	假	假

維根斯坦的真值表

這個真值表的功能有二，一個和邏輯學家比較有關，另一個和我們所有人的日常生活有關。邏輯學家使用真值表純粹是為了表達任何以邏輯連結的句子的真假，但對我們日常生活更重要的是，這些連接詞是現代電子學的基礎元件。想了解這兩件事，我們必須再多認識兩個邏輯連接詞。

這些連接詞都能用我的真值表來表達。真值表可以用來定義這些連接詞。

第一個連接詞是「或」，以符號 v 表示，其定義如下：

p	q	pvq
真	真	真
真	假	真
假	真	真
假	假	假

當 p 或 q 為真，連接詞 v 即為真。只有 p 和 q 皆為假，連接詞 v 才為假。因此，這個連接詞和我們語言裡的「且／或」意思相近。

另一個連接詞是「非」，以符號 ¬ 表示，並只用於單一個句子。它的真值表如下：

p	¬p
真	假
假	真

這個連接詞和我們語言裡的「**非／不是**」意思相近，例如「柯林頓不是美國總統」。

發現恆真句

邏輯符號可以組合使用，以便運算邏輯合成句的真值。例如，pv¬p 這個句子的真值表如下：

p	¬p	p ∨ ¬p
真	假	真
假	真	真

若一個邏輯式的真值只有真，就代表它永遠為真。例如「**要嘛在下雨，要嘛沒下雨**」這句話就不可能為假。邏輯學家稱呼這樣的句子為*恆真句*或*同義反覆*。

有了我發明的真值表，就能輕鬆找出所有以簡單符號表達的恆真句。

恆真句的真值判定完全基於邏輯句法，因此任何具有相同邏輯句法的句子必然為真。這對證明理論很重要，因為我們就有一個穩固的基礎可以證明某個邏輯論證必然為真。

數位電路的邏輯閘

現代生活少了數位電路簡直無法想像，而數位電路不過是邏輯的一種應用。從手機到微波爐，數位電路無所不在。這種電路倚賴「**邏輯閘**」運作。邏輯閘基本上就是一種開關，根據輸入來決定電流是否通過。例如「及閘」具有*兩個輸入*和*一個輸出*，唯有兩個輸入都有電流才會讓電流通過。及閘的表現可以呈現如下：

輸入一	輸入二	輸出
1	1	1
1	0	0
0	1	0
0	0	0

同樣的，我的真值表很實用。

及閘的真值表和邏輯連接詞「**且**」的真值表一模一樣。正如同「**&**」的表現和句子的意義無關，及閘的表現也和電流量無關。幾乎所有數位電路都是由**及閘**、**或閘**和**非閘**所組成，分別對應邏輯連接詞**&**、**∨**和**¬**。這三個源自邏輯的電路閘實在非常好用。

自動販賣機

正如同邏輯連接詞可以用來建構邏輯式，邏輯閘也可以用來建造自動販賣機和提款機之類的機器。

艾倫・圖靈

自動販賣機的核心
不過是一組彼此連接的**及閘**，
請看下面的簡圖……

硬幣計算器的原理很簡單，只要投入的金額足夠，就發出 1 的信號，其餘則發出 0 的信號。若輸出信號為 0，非閘就會作用，點亮「投幣」燈。若輸出為 1，非閘就會關閉「投幣」燈，且所有及閘都會收到一個 1 的輸入信號。顧客一旦選了某項產品，相應及閘的第二個輸入信號就會變成 1，並給出 1 的信號，將產品送到投遞口。

硬幣計算器 ◁ 投幣燈

選擇鍵 出物區

▷ 及閘
◁ 非閘

43

圖靈和恩尼格瑪密碼

自動販賣機的反應完全取決於顧客的動作。我們也可以將自動販賣機的反應視為特定邏輯式的證明。這個構想早於邏輯閘,當初是**圖靈**(1912-54)為了破解恩尼格瑪密碼機而發明的。恩尼格瑪密碼機是德軍的精心發明,在第二次世界大戰期間曾被視為無法破解的加密機器。

德軍的訣竅是規律改變密碼。密文第一行讓機器知道密碼是什麼,但密文只能由正確建構的機器來解碼。

圖靈想破解所有可能的恩尼格瑪密碼,而不只是單則密文。他希望打造一台可以編程並改變設定的機器,最終促成了電腦的誕生。但耗費了二十年時間,他的構想才以電子型態實現。

基本上,電腦就只是一台巨大的邏輯「證明」機器。

44

歐幾里得的公理方法

如果想替簡單的電子裝置建立模型，真值表是個好方法。但對邏輯而言，使用 30 行真值表來證明一個邏輯式實在很難讓人開心得起來。幸好我們還有其他方法。

現代邏輯最早也最常用的證明法是「公理」方法，其依據是所有的邏輯恆真式都能從兩三個為真的簡單陳述句推導出來。這個方法為古希臘數學家**歐幾里得**（325-265 BC）所首創。

在我談論幾何的那本名作裡，所有敘述都推導自**五個簡單的敘述**。我認為這五個敘述既根本又為真，因此稱之為**公理**。

直到今天，學校都還在教授歐幾里得幾何。他發明的體系建構法流傳至今，因為它所產生的結果很有說服力。公理方法就像「真值泵浦」，讓真值從公理流向得到證明的敘述。公理為真確保了所有得到證明的敘述皆為真。

我選了在我看來最不證自明的公理。因為我們愈能確定公理為真，就愈能確定從公理導出的敘述為真。

亞里斯多德過世後，他的思想主宰了西方哲學一千年。由於他不是太喜歡數學，因此歐幾里得的方法除了在數學領域之外少有人用。後來伽利略首先想到將之應用於物理學，得到了空前的成果。法國哲學家**笛卡兒**（1596-1650）隨即起而效尤，將歐幾里得的方法應用在哲學上，促成了啟蒙運動的誕生。而萊布尼茲也就順理成章拿它來作為邏輯的證明方法了。

我根據歐幾里得的方法，從四條公理發展出我的邏輯論。這四條公理也成為後來所有發展的基準。

萊布尼茲的證明方法

1. 第一條公理是萊布尼茲著名的同一律：**任何東西都與自己同一，** 也就是「**a=a**」。

其餘都只是改寫亞里斯多德的邏輯律。

2. 第二條公理是**非矛盾律**：任何一個陳述不可能同時為真又為假，也就是「**¬（p&¬p）**」。

3. 第三條公理是**排中律**：任何一個陳述不為真就為假，也就是「**pv¬p**」。

4. 第四條公理是替代律：有些表達可以互換，真值不變，也就是「**（a 是 b）且（b 是 c）＝a 是 c**」。

非矛盾律加上排中律，就能確保任何能用邏輯表達的陳述都只有一個真值，而且不是為真就是為假。

如此一來，當一個陳述不為真，我就能推導出它必然為假，幾乎不證自明。

有了這一點，再加上矛盾永不為真，我的**歸謬法**就有基礎了。

任何陳述只要會導出矛盾，就能判定為假。

濫用矛盾

邏輯學家在意矛盾不只因為矛盾永遠為假，還因為矛盾一旦無可避免，就會破壞兩個陳述句的真值之間的連結。根據萊布尼茲的*歸謬法*，從矛盾可以證明任何事。

假設現在有一個矛盾 **p&¬p**，而我們想證明 **q** 為真，**q** 可以是任何事，例如「**大象只喝瓶裝水**」。我們只需要對 ¬**q** 使用歸謬法：

假設 ¬**q** 為真。

接著我們帶出 **p&¬p**。

由於 **p&¬p** 違反萊布尼茲第二公理，因此根據*歸謬法*，我們必須否定最初的假設 ¬**q**。

否定假設就是 ¬¬**q**。

根據第三公理，若 ¬¬**q** 為真，則 **q** 為真。

這個結果很怪，因為什麼都能證明為真；就算我們要證明的事的真值和我們拿來證明那件事的那個矛盾的真值無關，依然能證明那件事為真。

連接詞的規則

羅素和懷德海的《數學原理》讓公理方法的應用達到成熟。這部作品認真嘗試將數學建立於集合論上。問題是書中的公理有許多都很複雜，還有不少比他們希望用這些公理證明的陳述（如 1+1=2）還不像自明之理。不過，書中的方法經過改良之後一直沿用至今，並且名為「自然演繹法」。

只要知道何時能將新的連接詞放入或移出一個邏輯式，我們就能寫出任何形式正確的邏輯式。

每個連接詞的表現都能完整呈現，如同後來維根斯坦的真值表。

如此一來，我們就不難導出一套規則，精確指明加入連接詞的恰當時機。每個連接詞都有一條規則指出它的加入時機，一條規則指出它的移除時機。比方說，現在有一個命題 q，那麼只要證明 q 為真時將導致矛盾（歸謬法），我們就能加入連接詞 ¬，表示 ¬q 為真。而當雙重否定出現時，我們也能移除否定連接詞，因為 ¬¬p（天空並非不是陰沉沉的）的意思就和 p（天空陰沉沉的）一模一樣。

視文法而定

雖然使用自然演繹法進行命題運算有不少優點，卻仍然無法證明亞里斯多德的第一個三段論為有效論證，無法從

「所有人都會死」

和

「蘇格拉底是人」

推導出

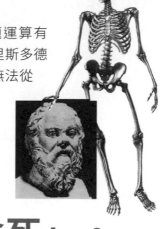

「蘇格拉底會死」。

之所以會有這種狀況，問題就出在命題運算用一個符號代表整個陳述句，將「所有人都會死」化約成 p。但由於這三個陳述句之間的邏輯關係似乎取決於句中用詞，以致命題運算就算將亞里斯多德第一個三段論裡的三個句子化成符號，也無法顯示這三個符號的邏輯依存關係；就算用真值表也得不出恆真式。

正是因為如此，我才決定重拾亞里斯多德對主詞和述詞的區分，也就是事物和我們對事物的描述，將它們納入我的邏輯理論中。

如此一來，邏輯可以說就和論證裡的陳述句的文法有關。

只是邏輯符號對應的不是用詞，而是句子的**結構**。

50

述詞運算

在羅素的述詞運算中，英文小寫字母代表物件，其中 **a**、**b**、**c** 等代表專名物件，**x**、**y**、**z** 等代表不特定物件，大寫字母則代表述詞。

羅素還使用一些特殊符號代表量詞。∀ x 代表「**所有**」，∃ x 代表「**至少有一**」，其餘連接詞的作用都和它們在命題運算裡一樣。有了這些工具，就能解釋所有可能出現的三段論。

亞里斯多德說：
沒有人不會死，
蘇格拉底是人，
蘇格拉底會死。

我們說：

∀x¬(Hx & ¬Mx)
Hs
Ms

只要擴展命題運算中加入和移除連接詞的規則，就能證明這個三段論。可惜的是，述詞運算的邏輯式無法用真值表來檢驗，因為真值表捕捉不到通稱陳述句和通稱之下個別陳述句的真值之間的關係。

模型論語意學

真值表不適用於述詞運算，幸好我們還有其他方法。其中最主要的方法只需要很簡單的模型，就能依據特定的物件與述詞來檢驗述詞運算中陳述句的真值。

模型能賦予邏輯式意義，進而檢驗殊稱陳述句在某個狀況下的真值。這就叫做**模型論語意學**。少了模型論語意學，我們就只能證明某個論證有效，證明若 Px 則 Qx。

有了模型論語意學，我們就能釐清「蘇格拉底是人」在哪個模型裡為真。

這真是個好方法，因為只要模型夠大、夠複雜，就能用來解析人的思想，對我們了解人類心智和建造模擬心智運作的機器都大有幫助。

不過，這套語意學要能大展身手，就得先有一套文法系統，讓我們可以依據有限數量的規則寫出無限多句子。

希爾伯特的遞迴模型

這套系統就在希爾伯特論數學基礎的作品裡。希爾伯特對於將數學化約成邏輯的構想不感興趣，只想發展數學版的證明理論，用數學來證明數學敘述。「證明理論」這個名稱其實就是希爾伯特最先使用的。

只要遵照規則，任何一個形式正確的算術式都能當作其他形式正確的算術式的基礎，譬如從 1+1 推導至 1+1+1。

而且／還有

從這點來看，算術就像英文，可以不斷加上「而且／還有」之類的連接詞……

我要去商店，需要我幫你買什麼嗎？

喔，你可以幫我買一點葡萄……

還有抹布……

還有玉米片……

還有漂白水。

這種重複使用叫做**遞迴**，是建構模型的關鍵。它讓我們只需要幾個簡單的規則和有限數量的語彙就能造出無限多句子。

希爾伯特稱呼自己看待數學的方式為*形式主義*，主張數學談論的所有事物都只是符號；這些符號本身沒有意義，只要知道如何使用它們，就等於知道有關它們的一切。希爾伯特使用遞迴規則來解釋符號的互動。

數字是最有名的數學實體，而所有正整數都可以從兩個簡單的規則導出：

「1是數字」

「任何數字加1還是數字。」

由於數學家已經知道如何從零和正整數生成其他所有數字，因此這兩個規則多多少少就足以生成任何數字。希爾伯特的規則既簡單又有效。這套方法將數學視為一種形式語言，由基本詞彙和句法所構成。句法讓我們就算不知道句子的意義也能造出句子，而詞彙不過是一些擁有文法性質的空格，如**名字**和**動詞**等等。這就好像語言裡只要名字加上動詞就能形成句子，就算我們不知道那是誰的名字也一樣。

假設某個模型語言只有以下詞彙：

述詞
演化為

名字：
智人
現代人
直立人
巧人

而其文法規則只有兩條：

1. 句子＝**名字、述詞、名字**

2. 句子＝**名字、「再」、述詞、名字**

第一條規則說明如何使用「名字、述詞、名字」組成一個形式正確的句子。

例如：「直立人演化為智人。」

第二條規則說明如何在既有句子後面加上「『再』、述詞、名字」，以合成一個新的形式正確的句子。

例如：「直立人演化為智人再演化為巧人。」

依據這個模型，只要反覆使用第二條規則就能生成無限多句子。當然，其中只有少數句子會為真，但這個眼熟的圖表顯然也是邏輯的應用。

有限生無限

美國哲學家**戴維森**（1917-2003）認為我們可以將這個方法應用在英語和其他自然語言上，用語意學模型來補上最後一塊拼圖。

「我們必須說明字詞的意義如何決定句子的意義。對任何語言來說，除非能做出這樣的說明，否則就無法解釋我們為何能學會那個語言，為何只需要掌握有限多的詞彙與有限多的規則，就能造出和理解基本上無限多的句子。」

〈真理與意義〉（1966）

只要反覆使用「而且」之類的詞彙，語言（如英語）基本上是無限的。

「而且」一詞的使用規則要嘛有限多，要嘛無限多。如果是無限多，我們就不可能學會。

我們必須可以反覆使用規則，才能生出無限多句子。於是戴維森結論道，不論英語或其他自然語言，都能算是巨型模型，因此就哲學而言，將形式語言套用到自然語言上是沒問題的。

「而且」一詞的使用規則

如果規則數量有限，我們就學得會。

簡單指令

如果戴維森說得沒錯，那麼語言就有點像樂高，其中字詞是積木，必須以正確的方式組合成句。根據積木如何互相組合的指令，就能造出所有可能的樂高模型。

戴維森真正感興趣的是字詞的意義如何決定句子的意義。以下面這個句子為例：

這句話可以解析成：

「有一個『我走路』的動作，而且這動作進行得很慢。」

（∃ x）（Wx&Sx）

我們就這樣拆解了一個英文句子：這句話由兩個簡單句組成，而每個簡單句都由一個主詞和一個述詞組成。

戴維森提出的解釋有兩大優點。首先，它完美滿足了他提出的語言可學性條件；其次，這套解釋大致保留了我們對自然語言的直覺理解。譬如「我正在走路」可以從「我正在慢慢走路」推導出來，因為根據證明理論，Wx 可以從 Wx&Sx 裡推導出來。

戴維森之後又付出了十多年心血，將語言的其他部分解析為這種邏輯形式。

證明理論與形式語言

戴維森建議我們將所有形容詞、副詞和介系詞視為串在一起的述詞。這和羅素對這些語詞的分析非常不同。

我認為
「我和一位朋友去滑雪」
只有一個述詞,
而這個述詞涉及兩個主詞。
「和……去滑雪」這類的述詞唯
有加上兩個主詞才有意義。

但是,羅素,你怎麼解釋「我和一位朋友
去滑雪」這句話其實蘊含了「我去滑雪」?

我解釋不了,
因為證明理論缺乏
相應的語意工具,
無法說明二元述詞
蘊含一元述詞。

基本上，戴維森想將英語等自然語言理解成一種形式語言。為了做到這一點，他必須找到一個方法來判斷英文句子在哪些條件下為真。

戴維森選擇了他柏克萊大學同事**塔斯基**（1902-83）發展的形式語言真值理論。這套理論將*形式語言*和*描述*形式語言的語言（後設語言）區分開來。

塔斯基的真值條件

塔斯基提出一組條件,當這些條件得到滿足,我們就能說某個形式語言的語句為真,而且這些條件簡單得驚人。

S為真,若且唯若p。

「為真」這個述詞放在形式語言內使用是不恰當的,因為它描述的對象是形式語言的語句。

在塔斯基的句式中,**S** 代表形式語言語句,**p** 是 **S** 在後設語言裡的翻譯。假設後設語言為中文,而形式語言包含中文語句,那麼我們就可以說:「*雪是白的*」若且唯若雪是白的。

剛才這句好像是廢話,但當我們使用塔斯基的句式來表達某個外語的真值條件,感覺就不那麼像廢話了:「La neige est blanche」若且唯若雪是白的。看來我們可以用這個句式給出法文語句的意義。

La neige est blanche.

雪是 ← P

S

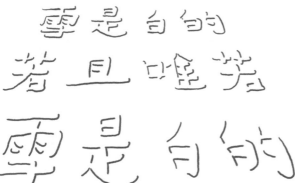

戴維森認為,我們之所以能理解英語等自然語言,可以用我們能理解依據塔斯基句式造出的一組語句來解釋。

我們只需要找出這組語句,就能解釋我們為何可以理解自然語言,因為只要我們知道某個語句在什麼條件下為真,我們就知道如何使用那個語句。

因此,在戴維森看來,我們只需要一些表面上簡單到不行的語句,例如:

「雪是白的」若且唯若雪是白的。

就足以建構出一套意義理論。有了這套理論,再加上戴維森若能證明語句的真值條件取決於*句中語詞*的真值條件,我們就能找出自然語言所有可能句子的真值條件。

形式語意學的應用

形式語意學的一大用處，就是協助我們做出能回應形式化語言的機器。所有電腦都是這種機器。

任何電腦語言除了詞彙之外，還包含一組規則，說明如何在該語言中造出形式正確的陳述句。而所有使用該語言寫成的程式，都由這些形式正確的陳述句所組成。

然而，形式語意學不只能用在電腦上，現代粒子物理學使用的也是形式語言，以量子理論為模型。我們往往根本不曉得模型中使用的那些詞彙（如光子和電子）出了模型之外到底是什麼意思。電子從來不曾被人直接觀察到。電子的性質就是其定義，就是電子在科學模型裡的*形式身分*。粒子間的互動則可看成規範粒子行為的*語意規則*，而物理學家的任務就是證明他們的模型符應實驗結果。

打造肥皂劇

幾乎所有事物，我們都能使用形式語言建構其模型。以下就是用來建構肥皂劇劇情的形式語言：

述詞	人物	連接詞
死了	比莉安	且
偷情	艾絲梅拉妲	或
破產了	祖立卡	因為
	璜安	
喜歡	約翰鮑伯	
恨	艾瑞克	
和…有染	杜恩	

注意只涉及**一個**人物的述詞（如偷情）和涉及**兩個**人物的述詞（如和…有染）之間的區別，因為兩者的組合規則並不相同。肥皂劇的連接詞雖然不需要和述詞

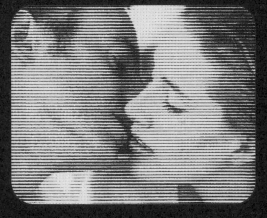

運算的連接詞一樣「符合邏輯」，但在語言裡的表現是定義完全的。所有形式正確的語句都按以下規則產生：

1. 一元述詞語句＝名字、述詞

2. 二元述詞語句＝名字、述詞、名字

3. 連接詞語句＝簡單句、連接詞、簡單句

根據這些設定，我們原則上可以造出無限多句子，例如「璜安破產了」、「比莉安喜歡艾瑞克」、「約翰鮑伯死了，因為艾絲梅拉妲和祖立卡有染」等等。

從 Prolog 到人工智慧撰寫肥皂劇

儘管所有電腦語言都是形式語言，但有些電腦語言的形式本質特別明顯。大多數電腦語言的詞彙與文法都是預先設定的，但像 *Prolog* 這樣的電腦語言卻允許電腦自己生成程式。

Prolog 的構想來自我認為機器可以擁有學習、自我修正和溝通的能力。

幾乎所有嘗試打造人工智慧的人都以此為目標。

Prolog 的概念很簡單。我們給予電腦一個類似肥皂劇語言但更複雜的模型，其中詞彙包括電腦會用到的語詞和它們需要執行的指令。接著電腦就能根據這些詞彙執行特定工作，還能辨識自己沒有的詞彙，要求輸入者提供。

Prolog 的詞彙包括「事實」，也就是由述詞和變數組成的語句，例如：

「登陸月球（阿姆斯壯）」
和
「登陸月球（艾德林）」

此外，Prolog 的詞彙還包括一組規則，負責給予結構和連結事實，於是……

「第一位登陸月球的人是阿姆斯壯」

就可以寫成

「第一位登陸月球的人（x）:- x = 阿姆斯壯」

最後一個元素是問號。當機器接收到問號，就會執行特定工作。因此……

「？第一位登陸月球的人」

就會得出答案：

像 Prolog 這類語言包含了我認為創造一台具有人類智能的機器所需的一切。

阿姆斯壯

圖靈的人工智慧方案

想打造一台具有人類智能的機器，我們需要……

1. 讓模型的詞彙量足以表述整個真實世界。

2. 使用這個模型打造這個世界的圖像，如果模型能自己學習更好。

3. 將輸入和輸出裝置組合在一起。其中輸入裝置應該由類似我們感官的裝置組成，而輸出裝置的行為反應則須符合步驟 2 打造的世界圖像。

這台機器只要組裝正確，就能讓你分不出它究竟是機器，還是你隔壁鄰居。

除了證明使用形式語言之類的工具能讓機器學會執行程式，圖靈還為數位電腦的誕生鋪平了道路。是他最先發現真空管能以電的型態貯存資訊。在此之前，他設計的機器都是機械式的，真空管的出現讓電子元件取代了齒輪。如今，真空管雖然被電晶體取代了，但原理依然相同。

圖靈在 1954 年結束自己的生命，原因可能出於英國司法制度對他的戕害。雖然圖靈於第二次世界大戰期間貢獻卓著，並且在戰後的研究成果啟發了電腦與人工智慧的發展，卻在 1952 年被控「嚴重猥褻」而受審，只因為他是同性戀。

我雖然用認罪交換免除判刑，
但為了獲得假釋，
我只能接受荷爾蒙注射，
也就是化學去勢。

悖論的問題

和邏輯裡的大多數事物一樣，證明理論乍看既枯燥又晦澀，而且作為邏輯證明的工具似乎用途有限。然而，它卻是大多數科學、數學和電腦科技的骨幹。證明理論的優點之一就是可以確保只要用在同一個符號串上，就能反覆得出同一結果。許多科學實驗還做不到這一點。然而，一旦符號串裡包含矛盾，證明理論就無法奏效，因為從矛盾可以導出*任何*事物。

當羅素在我的邏輯系統裡發現一個矛盾，包含我在內，所有人都放棄了這個系統，因為他發現的悖論是內建於系統中的一個無可避免的矛盾。

從此每當邏輯學家想要避免矛盾，就會想起弗雷格的例子。

悖論是蘊含自我否定的陳述句，也是邏輯學家的夢魘，因為不論我們認為那個陳述句為真或為假，都會導出矛盾，以致很難遵守非矛盾律——沒有任何語句可以同時為真又為假。悖論的英文是paradox，這個詞源自古希臘不是沒有理由的，因為當時的懷疑論者想證明理性無法讓人取得絕對知識，而悖論就是他們的武器。其中最惡名昭彰的哲學家就是**埃利亞的芝諾**（c.495-c.430 BC）。

在所有古希臘悖論中，最有名的可能算是所謂的「說謊者論」。這個悖論簡單來說就是以下這句話……

這句話是假的。

這句話的問題在於如果它為真，那它就為假；但如果它為假，那它就必然為真。不論我們認為這句話是真是假，都會導出矛盾。這就是惡名昭彰的*自我指涉*悖論，名稱的由來是因為這類句子談論的對象就是它自己。

悖論是可以避免的嗎？

悖論對萊布尼茲、弗雷格和羅素的邏輯系統造成了嚴重挑戰，讓這些非常簡單的系統內部出現矛盾。邏輯學家雖然嘗試過不少方法想避開說謊者悖論，但都不是很成功。

其中一種做法是將自我指涉語句排除在邏輯系統外，但這樣做會造成兩個問題：

1.
有些自我指涉語句完全無害，例如「這句話有七個字」。

2.
有些悖論並非自我指涉，但作用和說謊者悖論相同。

她的標示錯了

他的標示對了

上面兩句話的作用和說謊者悖論相同，因為如果他的標示對了，那她的標示就錯了，反之亦然。

類型論

羅素用來反對弗雷格的悖論差不多就是以集合論語言重述的說謊者悖論。羅素要我們設想一個由所有不屬於自身的集合所組成的集合，並且問這個集合是否屬於它自身。這會形成類似的僵局：若這個集合屬於它自身，那麼它就不屬於它自身；若它不屬於它自身，那麼它就屬於它自身。羅素想出了一個複雜的邏輯設定來解決這個困境。

我鑽研邏輯的心力幾乎都投注於此。
我稱之為「類型論」。

我們應該區分不同**類型**的集合，像是……

元素是事物的集合、
元素是集合的集合，
甚至元素是集合的集合的集合等等，就這樣無限類推延伸下去。

集合的
元素

集合的

事物

集合的
集合的集合

同理，我們也可以區分描述事物的述詞和描述述詞的述詞，例如「很美很危險」。

根據羅素的理論，只要禁止類型交雜，他所提出的悖論就可以化解，因為那個造成問題的集合屬於集合的集合，因此和構成它的那些集合*類型*不同。由於悖論交雜了這兩個類型的集合，因此並不成立。

只可惜這個解決方法看似有無限潛能，卻不足以破解說謊者悖論。根據羅素分析，「這句話是假的」其實包含兩句話……

1 這 是一 ✓ 句話	這 ✓ **2** 是假的

這句話描述一個事物，而這個事物是一句話　　這句話描述一句話，指出這句話是假的。

羅素認為「為真」這個述詞描述的是語句，也就是描述一個述詞及其主詞。

由於說謊者悖論包含**兩個**類型不同的述詞，因此簡單的類型論處理不來。

我是有想到方法解決這個難題，但代價是讓我的系統更龐雜。

蒯因
(1908-2000)

羅素的新系統矯枉過正，使得許多類型無法交雜，導致連集合論的基本命題都無法證明。

塔斯基的解決方法

塔斯基認為他區別「受檢視」的語言和「後設語言」就能徹底解決說謊者悖論,因為「為真」和「為假」都是後設語言的述詞。

當說謊者說「這句話是假的」,他其實誤用了「為假」這個述詞,將它看成事物語言的一部分,但「為假」只能用在**後設語言**。

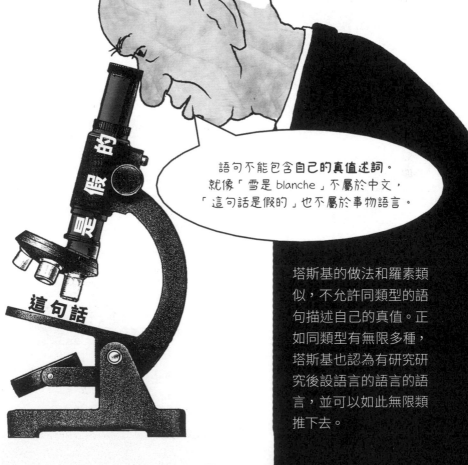

語句不能包含**自己的真值述詞**。
就像「雪是 blanche」不屬於中文,
「這句話是假的」也不屬於事物語言。

塔斯基的做法和羅素類似,不允許同類型的語句描述自己的真值。正如同類型有無限多種,塔斯基也認為有研究研究後設語言的語言的語言,並可以如此無限類推下去。

趕不走的悖論

說謊者悖論讓羅素窮於應付，「下一句話是假的，上一句話是真的」這類的悖論則是讓塔斯基傷透腦筋，因為這句話似乎既屬於後設語言，又屬於後設語言的後設語言。

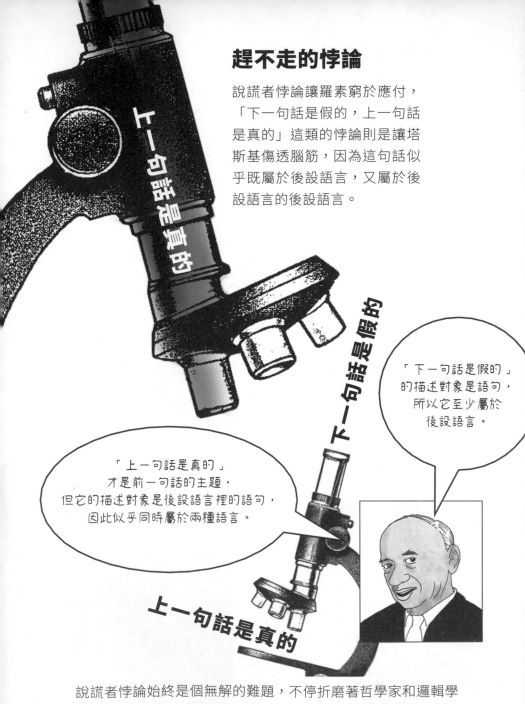

下一句話是真的

下一句話是假的

上一句話是真的

「下一句話是假的」的描述對象是語句，所以它至少屬於後設語言。

「上一句話是真的」才是前一句話的主題，但它的描述對象是後設語言裡的語句，因此似乎同時屬於兩種語言。

說謊者悖論始終是個無解的難題，不停折磨著哲學家和邏輯學家，儘管每隔一陣子就有人提出新的解決方法，卻不時又在其他脈絡裡浮現。

你知道什麼是「名實不符詞」嗎?

名實不符詞就是字面和實際意思不同的字,
例如「長」並不長和「大」並不大等等。

那「名實不符」這個詞名實不符嗎?

如果它名實相符,那它就是名實不符,
但那就表示它名實不符。

如果它名實不符呢?

那它就名實相符,
但這樣一來它就名實不符了。

所以它既名實不符,又不名實不符,
也就是悖論。

名實不符

哥德爾不完備定理

在當代所有自我指涉悖論中，最具影響力的當屬哥德爾的第二不完備定理。這個定理於 1931 年首度發表，雖然背後的概念並不特別難，卻幾乎沒人看得懂，而它帶來的結果大大影響了科學、數學與哲學。

哥德爾想出一個絕妙的點子，將邏輯和數學陳述轉碼成數字。他先給羅素邏輯系統的每個符號一個數字，接著只要將數字代進數學式，就能替所有可能的符號串標上一個專屬數字。

我在希爾伯特門下時，曾經協助他使用遞迴方法為算術尋找一致性證明。沒想到研究才開始不久，我就發現根本找不到這種證明。

在哥德爾的系統裡，以下符號分別翻譯成⋯⋯

P	v	¬	P
112	2	1	112

如此一來，哥德爾就能為這個邏輯式標上一個數字。

由此，我證明羅素邏輯系統中
「這個邏輯式無法證明」
這句話會對應一個數字。

一旦得出這個式子，接下來就只有兩個可能。若這句話為真，羅素邏輯系統就有一個真陳述句是無法證明的，代表這個**系統不完備**。反之，若這句話為假，那就表示它是可證明的，但這樣一來，羅素的邏輯系統就有一個可證明的假陳述句，代表這個系統**不融貫**。

哥德爾定理的後果

對羅素和希爾伯特來說,這兩種結果都不是好事,因為他們都想建立一套可以生成*所有*真數學陳述,而且*只*生成為真數學陳述的系統,結果現在卻得面對一個事實,那就是這件事原則上無法達成。

我證明了基本的數學領域確實能用符合希爾伯特原理的一組公理加以形式化,但根據我的定理得出的結論依然成立。因此,基本算術不是不完備就是不融貫;不是有為真的運算無法被證明,就是有為假的運算可被證明。

算術

哥德爾發現的定理可以一般化。所有複雜程度夠高、不同語句之間具有某種「次序」的形式語言都適用這個定理。哥德爾之後又證明了數學基本上是不完備的,沒有一組公理能解釋所有算術真理。換句話說,有些數學語句雖然為真,卻不可證明。對所有想為數學找到穩固基礎的人來說,這點實在煩心。

十九世紀的學者希望從一組簡單而嚴謹的公理推導出整個數學體系，但哥德爾粉碎了這個夢想，從此人們研究邏輯時不再希冀可以替數學建立基礎。

這對數學家來說不全然是壞事。
只要他們能證明自己的系統
有一致性，就算不完備，
依然能生成絕大多數的數學陳述。

我的計畫雖然破滅了，
可是我發明的**方法**仍然合用，
繼續協助數學家形式化
和公理化新的數學領域。
而我本人也發展出一套數學系統，
處理詭異的量子粒子世界，
現代人稱之為**希爾伯特空間**。

停機問題

如果將哥德爾定理運用在電腦運算上，就會得出類似的結果。只要使用哥德爾的數字編碼系統，所有形式化的數學證明都能換成相對簡單的數字運算，任何一個式子都對應一個數字。換句話說，只要有一個式子不可證明，就有一個數字不可運算。

電腦是模擬數字運算的機器。基本上，電腦就是靠著我發明的數字編碼法在形式邏輯系統裡執行程式。

我只用了一個很巧妙的數學機關，就證明了我的理想電腦無法運算大多數數字，因為無理數（如 π）比有理數（如 7）多。

這表示哥德爾的不完備定理也適用於電腦。無法運算的數字就像是無法給出結果的程式。哥德爾不完備定理告訴我們，沒有任何程式能以有限多的步驟檢驗某個程式，判斷該程式最後會得出結果或停機。這就是所謂的「停機問題」。如果有可以避免此問題的程式，就代表有一個能運算所有數字的系統，但這是不可能的。

哥德爾證明的侷限

哥德爾證明雖然影響深遠，但也有其侷限，例如，它並不保證我們無法用希爾伯特的方法證明算術的一致與完備，只表示該證明無法在算術裡*呈現*。不過，直到目前仍然沒人知道該證明會是什麼樣子，更別說如何建構證明了。

此外，儘管確實有人嘗試，但哥德爾證明不能用來支持證明應該由直覺取代，也不能證明人類理性天生有其侷限，因為沒有人知道人類理性是否遵循希爾伯特的規則。

哥德爾證明不代表我們永遠無法以實質詞彙解釋思想。

但它確實讓我們懷疑是否真的有一組規則能形式化任何語句。

有些大學甚至會在大一*倫理課*上教哥德爾不完備定理。

芝諾的運動悖論

最有名的非自我指涉悖論也是芝諾發明的。他想證明運動不可能，我們所見到的運動都是感官在欺騙我們。對於這個古怪的主張，芝諾提出的主要論證是歸謬法，也就是倘若運動存在，將會導出矛盾。

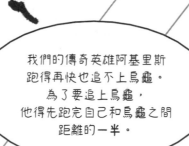

我們的傳奇英雄阿基里斯
跑得再快也追不上烏龜。
為了要追上烏龜，
他得先跑完自己和烏龜之間
距離的一半。

但接著他還得跑完
剩下那一半距離的一半，
就這樣無限延伸下去……

因此，他必須花費
無限長的時間
才能追上烏龜。

芝諾會說，這個結論的前提都為真。畢竟誰能否認從 A 點到 B 點必須先跑完兩者距離的一半？但感官經驗告訴我們，我們每天都會到達或通過某些地方。所以，芝諾推斷我們其實被感官騙了。不論哪種運動，芝諾的悖論統統成立。

因為箭在射到靶上之前必須先通過箭與靶之間距離的一半，接著還得通過剩餘距離的一半，然後再通過剩餘距離的一半，如此無限進行下去……

結果就是箭永遠在朝靶射去，永遠射不到靶上。

換句話說，聖巴斯弟盎*應該是嚇死的！

*譯註：聖巴斯弟盎於三世紀宗教迫害時期遭羅馬皇帝殺害，文藝作品經常描繪他被綑綁並亂箭射殺的景象。

無窮和

芝諾悖論仰賴一個假設，而且牛頓和萊布尼茲之前的數學家都接受這個假設，那就是無限多個正數的總和必然是無限大。這個假設聽起來很合理。

A

假設從 A 點到 B 點的距離為一……

那我要說，你必須先走完全程的一半，

然後面對剩下的距離，

1/2

你又得走完它的一半……

1/4

1/8

B

因此，要走的距離就是正數 1/2+1/4+1/8……的無窮和。根據芝諾的假設，無窮和的值是無限大，所以我們永遠無法從 A 點走到 B 點！

牛頓和萊布尼茲幾乎同時發現一件事，那就是整數和經常**不是**無限大，有些無窮運算有極限收斂性，也就是每加上一個數字，總和便會更接近*某個*數值，因此經過無限次運算就會達到那個數值。

A ——————→ B ←—————— A

可惜了，芝諾，
1/2+1/4+1/8……的和
正是這種無窮運算。

1

使用我們的方法
可以輕鬆證明，
這個無窮運算的
總和是一。

好險，這代表我們從 A 點到
B 點所需的時間就是從 A 點
到 B 點的時間……我們的感
官並沒有被騙。

我花了兩千年
才終於贏過烏龜！

多少才算一堆？

另一個著名的非自我指涉悖論是**堆垛悖論**。古希臘斯多噶學派常用它證明理性的缺陷。這個悖論之所以出現，是因為我們語言裡有些詞彙模稜兩可，例如堆與垛。有些時候，我們沒有明確規則說明如何正確使用這些詞彙。

這是一堆沙。

拿走其中一粒沙子，它還是一堆沙嗎？

是啊，拿走一粒沙子怎麼會有影響？

那要是我再拿走一粒呢？它還是一堆沙嗎？

當然；於是我又拿走一粒沙子⋯⋯

現在只剩一粒沙子了。它還是一堆沙嗎？很難說它是。但我每次拿走一粒沙的時候，你都同意無關緊要。

堆垛悖論利用的漏洞是我們沒有規則判定多少沙子才算一堆。這確實是個悖論，因為每個邏輯步驟我們都接受其為真，最後卻導出了矛盾：一粒沙子既是一堆沙，又不是一堆沙。

對集合構成挑戰

堆垛悖論不只適用於沙堆，幾乎所有能微幅改變的事物都可能被波及。1979 年一位名叫盎格的哲學家發表了一篇論文，題目是〈我不存在〉。他在論文中對自己進行堆垛悖論，一次去掉身上一個細胞。堆垛悖論對形式邏輯無效，因為形式邏輯只操作符號。但只要我們替符號加上意義，這個悖論就變得非常重要，因為許多日常用詞，例如*很少*、*很多*、*大*和*小*等等，以及顏色及聲音詞彙，都可能產生堆垛悖論。

哲學家對結合邏輯與集合來分析語言躍躍欲試。其中一個構想是將語言裡的述詞當成集合，例如「**成堆**」這個述詞就對應「堆」的集合。

但堆垛悖論告訴我們，我們永遠會遇到「這樣算不算一堆」的狀況。

這個狀況只要無法解決，將述詞當成集合的做法就大有問題。

動搖邏輯的根基

堆垛悖論除了阻止我們用集合來分析語言裡的述詞，還讓人懷疑命題運算和述詞運算是否真能描述世界的樣貌。

同一律（a=a）和非矛盾律（¬（p&¬p））是邏輯系統的兩大公理，但都受到堆垛悖論的挑戰。

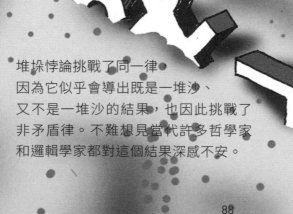

堆垛悖論挑戰了同一律，因為它似乎會導出既是一堆沙、又不是一堆沙的結果，也因此挑戰了非矛盾律。不難想見當代許多哲學家和邏輯學家都對這個結果深感不安。

不少學者嘗試解決這個難題，他們提出的看法大致可以分成三類。有些學者認為問題出在將含混的概念套用在現實裡，有些認為含混只是表象，少數人認為最好的做法就是擺脫命題邏輯和述詞邏輯的限制。弗雷格認為，邏輯論證不該含有含混的語詞。在他看來，邏輯應該如科學般精確，含混的語詞只是便於日常談話用的虛構物。

奧德修斯很聰明

史都華是禿頭

我們都理解
「**奧德修斯很聰明**」
和「**史都華是禿頭**」這兩句話。
但就如同奧德修斯不存在
於現實中，禿頭這個性質
也不存在。

在我的精確語言中，
不僅不該有無對象名字，
也不該有無法對應明確性質
的述詞。

根據弗雷格的看法，
連「人」這樣的語
詞也只是好用的虛
構物。

字詞的「意義」到底是什麼？

有些當代思想家選擇否定含混，或主張含混純粹出於知識不足。例如，他們主張沙子超過某個數量就叫沙堆，只是我們可能不曉得那個數字是多少。他們認為，某樣東西成不成堆有確切的答案。

堆

因此，邏輯定律仍然反映了世界的真貌，問題出在我們用來描述世界的語詞與概念。

這個解決方法意味著我們其實不知道語詞的意義，因為知道一個語詞就代表知道如何正確使用它，而這個解決方法清楚否定我們擁有這種知識。

模糊邏輯

由於上面提到的解決方法既不徹底，也不是毫無問題，因此有些思想家選擇咬牙接受這個悖論帶來的後果，放棄長久以來的堅持，不再要求語句的真值只有*真*與*假*兩種。因此，陳述句現在可以是「非常真」、「相當真」、「有點假」或「徹底為假」等等，新的邏輯系統也就此誕生。這些系統通稱為「模糊邏輯」。

這件事有一個附加的好處，就是可以談論相對真值。

說橢圓形「是圓形」比說它是長方形還要真，即使橢圓形和長方形其實都不是圓形。

在某些模糊邏輯系統中，真值是連續標度：

100%			50%			0%
完全為真	非常真	相當真	相當假	非常假		完全為假

模糊堆垛

採納模糊邏輯並非解決堆垛悖論，而是接受悖論。但就算接受悖論，還是躲不開堆垛的問題。模糊邏輯的連續真值同樣會受到堆垛悖論的挑戰。

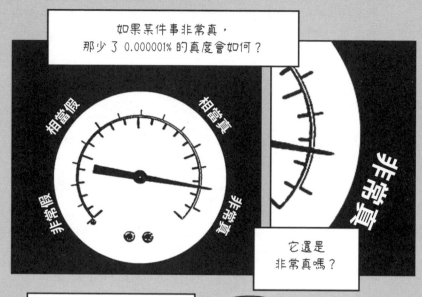

如果某件事非常真，
那少了 0.000001% 的真度會如何？

它還是
非常真嗎？

只要某件事維持
完全真或維持相
同的真值，
我們就可以說
它是有效的。

另一個大問題
是如何處理
模糊邏輯裡的效度。
我們如何判斷
某個語句確實能從
另一個語句
導出？

第一個建議將我們帶回了原點：一件事唯有從**完全**為真的陳述句導出，我們才能有效推論這件事為真。第二個選擇則是代表我們不確定能否得知陳述句的真值，進而做出有效推論。總之，對在乎這些問題的人來說，堆垛悖論仍然讓他們輾轉難眠。

邏輯能擺脫悖論嗎？

邏輯的發展始終擺脫不掉悖論的糾纏，甚至可以說是兩個陣營的對抗：一方忙著建構系統，另一方專注於打造悖論。系統建構者尋求分析概念的精確方法，希望運用邏輯以清楚精確的方式導出所有為真的陳述句；而好的悖論則是挑戰這一點，讓我們對人類分辨與推導真假語句及清楚定義概念的能力產生懷疑。

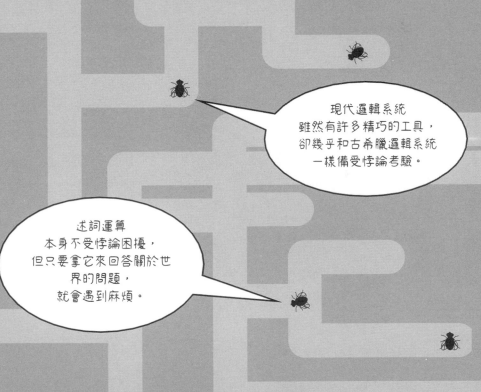

現代邏輯系統雖然有許多精巧的工具，卻幾乎和古希臘邏輯系統一樣備受悖論考驗。

述詞運算本身不受悖論困擾，但只要拿它來回答關於世界的問題，就會遇到麻煩。

由於述詞運算面臨這種種限制，因此遲早會有邏輯學家捨棄這套系統另覓他途。模糊邏輯便是這些「非古典」邏輯系統裡的一支。

非古典邏輯：直覺主義

布勞威爾（1881-1966）是最早脫離所謂「古典邏輯」系統的學者之一。他反對弗雷格和羅素將數學化約為邏輯的構想，認為數學根基於我們對某些基本數學物件（如數字和直線）的「直覺」，因此他的學說便稱為**「直覺主義」**。

我想證明數學證明跟邏輯證明方式完全不同，尤其是排中律不適用於某些數學案例。換句話說，在數學裡 ¬¬p 並非永遠等同於 p。

惡魔論證

布勞威爾主要將焦點擺在無限集合和序列上，例如所有正數的集合和無理數（如 π 和 √2）小數點後的數字形成的序列等等。他的論證大致如下：

我*邏輯上*能證明 666 這個序列一定會出現在任何無理數（如 π）的擴張裡。因為若主張 666 不在裡面，就代表 666 不出現在 π 的小數點後數字的任何地方，但這一點在**數學上**是無法證明的。就算世界上所有白紙都寫滿 π 的小數點後數字，還是有無限多的數字沒檢查到。

$\pi =$ 3.1415968739876375237

然而，若「π 的小數點後數字不包含 666」這句陳述為假，那麼根據排中律，666 這個序列就必然在 π 的小數點後數字的某處。

我們不可能接受這個魔鬼論證。因此，我的結論是排中律不適用於數學中的無限集合與序列。

直覺邏輯

雖然布勞威爾只想證明有些數學證明的方式和邏輯證明不同，但有些人發現他的論證也能用來證明某些數學領域的邏輯和其他數學領域不同，甚至有些人還據以建構出一套邏輯系統，並嘗試證明這套邏輯適用於所有數學領域。這套系統就叫「直覺邏輯」。

直覺邏輯的要點就在於必須有明確方法檢驗 ¬¬p 是否為真，才能納入 ¬¬p=p 這條規則。

無限集合 無限集合 無限集 無限集合 無限集合 無限集 有限集合 ¬¬p = p 無限集合

如此一來，有限集合就能使用這條規則，而無限集合和序列則不適用。

直覺主義對歸謬法

直覺邏輯有一個關鍵特點，就是不能用萊布尼茲的歸謬法。歸謬法是先假設某個數學陳述的否定為真，然後導出矛盾，進而證明該陳述為真。但要從「某事的否定為假」推導出「某事為真」就得仰賴排中律，因此在某些數學領域裡，歸謬法並不符合數學應該運作的方式，也就是從公理推導出數學語句。

你沒有給出恰當的證明，只想靠 ¬¬p=p 和某個數學語句的否定為假來證明該語句必然為真。但我的邏輯系統裡沒有 ¬¬p=p 這條定律。

問題是，許多大家都樂於接受的基本數學陳述只用我的歸謬法證明過。

排中

直覺主義熱潮

上述問題在 1930 年代引發了一波新的數學熱潮，不少學者嘗試用直覺邏輯替一些常用的基本數學陳述找到證明，也確實找到了不少。數學系和哲學系紛紛成立，新的學術領域也隨之誕生。就連希爾伯特的方法明明是直覺邏輯的對手，也被加以改造，只使用得到認可的直覺主義程序。

直到這股風潮引起了哥德爾的注意。

使用希爾伯特的方法，
我證明了如果直覺主義
算術是一致的，
那麼古典形式算術
也是一致的。

倘若一致性
是數學系統的基本判準，
那麼直覺主義數學
和古典數學
其實相去不遠。

儘管後來學者對這場爭辯的興趣削弱了一些，但「唯有構造性證明才能確保一個陳述句為真」的基本看法至今仍然得到不少邏輯學家、數學家、科學家和哲學家支持。

處理老問題

大約同一時期，波蘭數學家盧卡西維茨（1897-1956）1920年提出的構想勾起了一些學者的興趣。此前十多年，這個構想從來不曾在波蘭以外的地區引起多大反應。盧卡西維茨當時想解決的，是從亞里斯多德到羅素都面對過的老問題。

我發現邏輯一直搞不定兩樣東西，一是像「可能」和「必然」之類的詞彙，二是關於未來的陳述句。

畢竟，我們要如何判斷「大笨鐘一千年後會遇上大雪」這樣一句話的真值？

「可能」的真值

盧卡西維茨希望邏輯能納入並處理前面提到的這些語言元素,因此他設立了一套具有三種真值——真、假與「可能」的邏輯系統。在這個系統裡,任何語句除了真假之外,還可能擁有第三種真值。

於是,我必須替所有邏輯連接詞設定新的規則。例如,當 p 為真而 q 為可能時,p&q 的真值為何?

真 **p**　　可能 **q**　　假

以數字表示真值

為了解決這個問題，不妨將真值想像成數字。真和假之前就常被人用 1 和 0 代表。

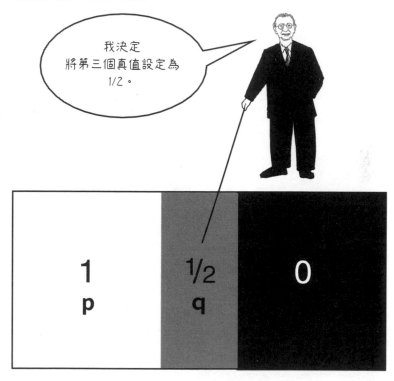

用數字代換之後，p&q 的真值就是 p 和 q 的真值裡比較小的那一個。

因此，若 **p** 為 1 而 **q** 為 1/2，則 **p&q** 也是 1/2。

同樣的道理，**pvq** 的真值為 **p** 和 **q** 真值裡比較大的那一個。因此，若 **p** 為 0 而 **q** 為 1/2，則 **pvq** 的真值也是 1/2。

¬p 的真值為 1 減 **p** 的真值。因此，若 **p** 為可能（1/2），則其否定也為可能（1/2）。

可能與非矛盾

如此一來,排中律和非矛盾律都不適用於盧卡西維茨的邏輯系統。我們不能說要嘛 **p** 為真,要嘛非 **p** 為真,因為 **p** 有可能為「可能」。同樣的道理,我們也不能說 **p** 和 **¬p** 不可能真值相同。

不過,非矛盾律倒是能用於我的邏輯系統,只是方式不同。

若 P 為真,則 ¬P 不可能也為真;反之亦然。

基本上像這樣:

¬¬P = P

有趣的是,在我的邏輯系統裡,我們可以證明……
¬¬p=p

不論 p 的真值為何,這個等式都成立。因此,我和布勞威爾的邏輯系統在這點上很不相同。

儘管古典邏輯的兩個基本定律不適用於盧卡西維茨的邏輯系統，但這個系統的一致性無懈可擊，而且和羅素的系統一樣能用。當邏輯學家得知盧卡西維茨的發明後，他們很快就證明了盧卡西維茨對邏輯連接詞的定義能用來打造新的邏輯系統，而且真值數從三到無限多都行。

假設你想建立一套具有七個真值的邏輯系統，那麼只要以數值 1/6 為單位，就能得到以下真值……

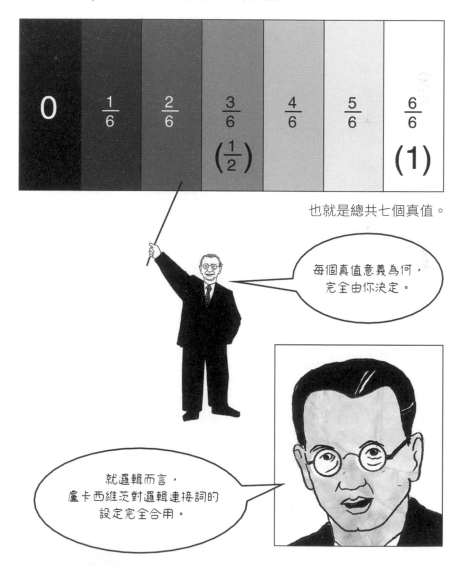

也就是總共七個真值。

每個真值意義為何，完全由你決定。

就邏輯而言，盧卡西維茨對邏輯連接詞的設定完全合用。

從古典邏輯到模糊邏輯

布勞威爾和盧卡西維茨開啟了現代邏輯的序幕。
邏輯的發展開始一飛沖天，目前我們擁
有數十種邏輯系統，各有其用處
和支持者。邏輯被源自代
數的工具拆解成最簡單的
元件，然後再按個人喜
好與潮流加以組合。從
亞里斯多德發展到 1930
年代的邏輯被當代學者歸
為一類，統稱為*古典邏輯*。

盧卡西維茨催生了
「多值邏輯」。這套系統
最近得到一個更炫的名字，
叫做「**模糊邏輯**」。

盧卡西維茨發明
這套邏輯系統，
原本是為了處理「可能」一詞，
結果這部份沒有繼續發展，
不過模糊邏輯後來
倒是應用廣泛。

電子「可能」狀態

模糊邏輯的一個重要應用就是電子機械。還記得電子設備的運作原理嗎？它們基本上就是一些使用**「是／否」**或**「開／關」**開關的設備，以具有**真**與**假**兩種真值的傳統命題運算為模型。然而，有些電子設備的開關可以不只有兩種狀態。

這台電子琴的琴鍵是簡單的「開／關」開關，只要我按下去就會出聲音。

這另一台電子琴好得多，因為它的琴鍵不只有兩種狀態，所以聲音會有變化。我按得愈大力，聲音就愈大，跟真的鋼琴一樣。

當機器使用的開關擁有不只兩種狀態，就能以模糊邏輯為模型，就和普通開關以命題運算為模型一樣簡單。

模糊邏輯搜尋引擎

模糊邏輯的另一個重要應用是人工智慧。假設我們想設計一個聰明的資訊檢索系統，例如改良網路搜尋引擎。當一個搜尋引擎愈能從你輸入的語詞裡認出你想找的東西，這個搜尋引擎就愈好。

假設搜尋引擎使用傳統的命題運算，那麼所有網站不是符合你輸入的語詞，就是不符合，任何拼字上的微小差異都會算作不符合。

你輸入 李奧納多·達文西
結果：
李奧納多·達文西
李奧納多·達·文西
達文西，李奧納多，藝術家
李奧納多，文藝復興大師
李奧納多·達文西作品
李奧納多·狄卡皮歐，演員
李歐納·柯恩
達文西的繪畫
蒙娜麗莎，達文西的傑作
直升機，達文西的點子
文藝復興時期的發明─
李奧

然而，如果改用模糊邏輯，搜尋引擎就能找出內容多少符合你輸入語詞的網站，提供更多你需要的資訊。

模糊邏輯運算機

一般而言，比起判斷事物之間是否完全對應，模糊邏輯在模式辨識方面比古典邏輯更好用。有了模糊邏輯，機器就有能力判斷兩樣事物是否相似。這點對人工智慧的許多應用都很重要，例如語詞辨識和物體辨識等等。

量子世界的邏輯

二十世紀邏輯和代數的結合還催生了不少古怪的邏輯系統，進而帶來科學與技術上的重要應用。

1920 年代，我被迫發明一種特殊的數學工具，以便表達量子力學中電子等粒子的物理表現。量子世界是一個非常奇特的世界，必須靠同樣奇特的數學模型才能描述。

數十年後，數學家替我特別發明的「希爾伯特空間」找到了代數表達。

這時，代數和邏輯已經密不可分，只要能替量子力學找到代數表達，就能替它找到邏輯表達。

量子邏輯的分配律

量子邏輯興起於 1960 年代。當時科學家仍然覺得量子宇宙難以理解與描述，並且認為量子宇宙有自己一套邏輯系統。如同哲學家普特南（1926-2016）所指出，量子邏輯和源自人類語言與推理的古典邏輯非常不同。

量子邏輯和古典邏輯一樣，
任何語句的真值都有兩種。
兩者的主要差別在於**分配律**，
而非更基本的排中律或非矛盾律。

分配律的邏輯式為

$$p \& (q \lor r) = (p \& q) \lor (p \& r)$$

量子邏輯的運作方式

古典邏輯的分配律是這樣的：

我要一塊巧克力蛋糕，謝謝。

我們有加櫻桃或杏仁的巧克力蛋糕。

你是説你們有櫻桃巧克力蛋糕和杏仁巧克力蛋糕。

但這個簡單的定律在量子邏輯並不成立。

店裡還是有加櫻桃或杏仁的巧克力蛋糕，但你瞪大眼睛可能看不到櫻桃巧克力蛋糕，也看不到杏仁巧克力蛋糕。

聽不懂了？你現在知道物理學家為何對量子邏輯討論個沒完了吧？

實驗邏輯

量子邏輯的發明讓普特南進而主張，邏輯能否應用於世界是*經驗*問題，只能透過實驗回答。普特南認為，量子力學其實就是發現次原子世界是按照不同於日常生活的邏輯系統在運作的。但他之後改變了部分想法。

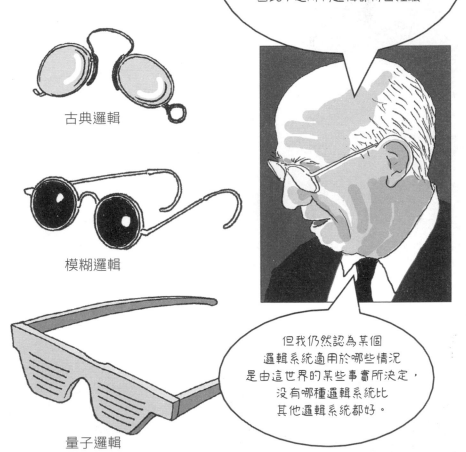

古典邏輯

模糊邏輯

量子邏輯

我發現唯有**先具備**某種推論系統，才能解讀實驗結果，知道實驗支持哪種邏輯，因此不是所有邏輯都得自經驗。

但我仍然認為某個邏輯系統適用於哪些情況是由這世界的某些事實所決定，沒有哪種邏輯系統比其他邏輯系統都好。

量子邏輯或許不會摧
毀我們對人類理性的
信念，但它的應用卻帶
領我們踏入近乎科幻
小說的領域。

1　0
真　假

目前科學家
已經取得一定進展，
能將單顆原子用作位元。
原子有兩種狀態，
我們完全可以用來代表
1和0或**真與假**。
這顯然是最小化、速度
與效率的極致。

當使用單顆原子做運算，就
等於使用迷你量子電腦。而
最適合描述這類電腦的行為
的很可能就是量子邏輯。雖
然這項技術才剛誕生，但我
們或許很快就會有許多最複
雜的運算將依據量子邏輯的
古怪定律來進行。

邏輯與科學

若邏輯只能用在論證或作為數學的基礎，那它就只是個用途有限的工具。然而，所有現代科學都使用了邏輯與數學工具。弗雷格的邏輯系統就是為了協助打造嚴謹的科學語言，但邏輯與科學早在很久以前就有了關聯。

> 我不是太在意數學，因此我的科學並未仰賴精確測量或實驗。我直接斷定天體出於對神的愛而以圓形運行。

可惜事實證明根據這個想法來預測行星運動非常困難。於是到了二世紀，托勒密開始在亞里斯多德的系統加上更多圓，以解釋天體運動。

113

哥白尼革命

托勒密的補充支持了一陣子，但火星仍然
不斷偏離預測的軌道，於是後人又不斷追
加周轉圓，直到十六世紀中葉哥白尼革命
才劃下句點。哥白尼表示，若不是太陽繞
地球轉動，而是地球繞太陽轉動，預測將
會簡化許多。

哥白尼的異端構想啟發了伽利略和克卜勒等人。伽利略認為
爭議應該由實驗來解決。他巧妙地使用了一點演繹法，推導
出一個結論：若地球繞太陽轉動，單擺的運動就會受影響，
結果確實如此。

伽利略革命

伽利略堅持自然現象必須經過仔細觀察和嚴格測量，不能仰賴過往權威，而是要倚靠量化觀察。他認為「數學是自然的語言」，並重振了柏拉圖的主張——自然受數學律所支配。

我觀察實驗裡的數學規律，進而發現了運動定律。

他的發現構成了牛頓力學的開端。

伽利略後來被教會強制放棄自己的主張，並軟禁終身，但科學革命的號角已經響起，再也無法阻擋了。不久後，亞里斯多德的世界便徹底瓦解。

演繹法與歸納法

伽利略的方法被**培根**（1561-1626）和**笛卡兒**加以發展，
成為科學的方法論。

在科學裡，
我們先進行實驗，然後
從實驗結果導出通則，
得到自然律。

找出自然律後，
我們就能從自然律
往下演繹，
推論會發生什麼，
再進行實驗看我們的
預測是否正確。

笛卡兒和培根代表了兩種推論方式：***演繹法***與***歸納法***。演繹法是用來證明某個理論從另一個理論推導出來，歸納法則是從少數案例推導出通則。

歸納法的問題

在演繹法裡，結論為真來自於前提為真，但在歸納法裡則非如此。兩隻烏鴉是黑的和日本有一隻白烏鴉並不矛盾。但「所有烏鴉都是黑的」這個通則就和有白烏鴉存在的事實不一致。

因此，支持的陳述為真並不保證結論為真。

對使用歸納法證明結論為真的科學來說，這就成了問題。

休謨之叉

雖然歸納法為我們帶來了可觀的成功，但使用它其實是有問題的。蘇格蘭哲學家**休謨**（1711-76）就主張我們使用歸納法缺乏根據。

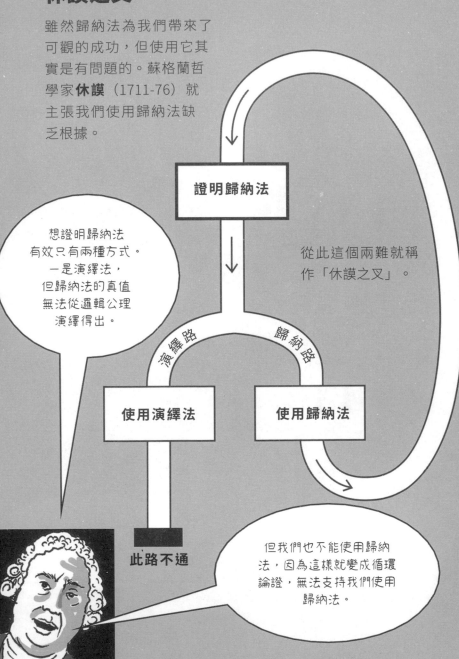

證明歸納法

想證明歸納法有效只有兩種方式。一是演繹法，但歸納法的真值無法從邏輯公理演繹得出。

從此這個兩難就稱作「休謨之叉」。

演繹路

歸納路

使用演繹法

使用歸納法

此路不通

但我們也不能使用歸納法，因為這樣就變成循環論證，無法支持我們使用歸納法。

律則演繹

休謨認為歸納推論是人類的**心理事實**。例如我們被燙到，
之後就會避免將手放進火裡，也就是從經驗「推論」。

問題
就出在這裡。
使用歸納法
感覺完全
合情合理，

但就是無法**證成**。

不少人嘗試為歸納法的使用尋求根據，卻始終無法一錘
定音。維也納學圈崛起之後，更對科學是否確實是一門
歸納的學問產生了
很大的質疑。

於是「律則演繹說」
逐漸成為了主流。

意思是科學先提出通則，
然後從通則演繹出
特定結果。

我們不再認為預測和解釋需要兩套方法論，一個是歸納，一個是
演繹，而是統統只用演繹法。我們觀察到一個現象，想出一條可
以提供因果解釋的定律，再從定律演繹出其他結果，於經驗世界
尋求印證或否證。

律則演繹模型源自哲學家**彌爾**
（1806-73）。他認為科學是邏
輯的一支，歸納法只不過是經驗
的通則化。這些通則愈得到經驗
印證，我們對它們就愈有信心，
但永遠無法百分之百肯定。所有
歸納推論都建基於同樣一個信
念，那就是自然界一切現象都有
其原因或引發其存在的充分必要
條件，而且從觀察中尋求通則就
能發現。

必要條件就是少了它
結果就不會出現的條件……

譬如主張雲是雨的必要條件，
我們就要尋求沒有雲但有雨的情況；
找不到就代表這個說法
得到了支持。

充分條件就是有了它結果就
必然出現的條件，例如有火
就會有熱。我們找得到有火
但沒有熱的情況嗎？

通則歸納

於是，科學家就像提煉物質的化學家，藉由謹慎使用歸納法和演繹法刪除選項，最終得出某個現象的充分必要條件。實驗進行得愈多，科學家就愈能確定自己找到的是不是某個現象的真正原因。

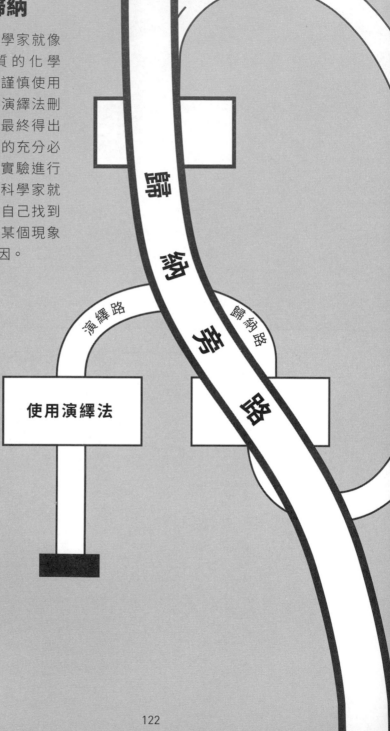

歸納之路

演繹路

歸納路

使用演繹法

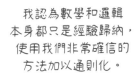

我認為數學和邏輯
本身都只是經驗歸納，
使用我們非常確信的
方法加以通則化。

我們知道的一切
都來自歸納。
歸納和演繹既非截然二分，
休謨之叉就不成立。

休謨認為無法用演繹法來證
成歸納法，但彌爾主張我們
之所以認為演繹法有效，也
是根據經驗*歸納而得的通
則*。休謨不能用演繹推論否
定歸納法，因為演繹法本身
就倚賴歸納。

伽利略認為數學是自然的語言，最終
可以找出自然的數學定律，彌爾
則認為數學只是另一種經驗
通則。科學的目標在於
不斷建立預測更準
確、適用範圍更
廣的法則。

牛頓力學是偉大的成就，
因為它只用四個簡單法則
就能預測所有的
運動與力。

根據這四個簡單法則，
我可以導出所有在我之前
提出的重要定律，
例如伽利略的運動定律和
克卜勒對行星運動
的解釋。

這一桿從來
都很管用。

彌爾對數學與邏輯的觀點非常新穎獨特。他認為我們對 1+1=2 和 ¬（p&¬p）之類的數學及邏輯陳述深信不疑，是因為大量的經驗印證。長久以來，哲學家一直試圖解釋數學和邏輯定理必然為真，彌爾卻主張沒有什麼需要解釋的。這些定理並非特別的陳述，只是經驗印證程度更高而已。

定律或經驗預測

對於彌爾為數學和邏輯提出的經驗證成，哲學家始終無法完全信服。問題就出在數學陳述（如 2+2=4）感覺更像*定律*，而非*預測*，例如兩個蘋果和兩個蘋果放在一起就會有四個蘋果。

我覺得更有可能是蘋果被他偷走了！

數學法則並非預測未來事件，而是規範什麼算作合理。因此，每回出現似乎否定數學法則的現象，我們肯定會先尋找其他合理的解釋，而不會立刻承認數學法則在某些狀況下是錯的。

此外，我們也很難想像*虛數*和*多維幾何*這類現代的數學概念是經驗歸納的結果，因為現實世界根本見不到這些事物。

烏鴉悖論

律則演繹法後來由維也納學圈的**韓培爾**（1902-97）加以改良。他主張科學是為了找出建立於*因果關係*之上的通則，這些通則可以解釋所有可觀察的經驗現象，並且只解釋這些現象。但他很快就察覺到這個模型的問題。

假設有一個通則「所有 F 都是 G」，外加一個陳述 Fa，那我們可以推論出 Ga，例如：所有人都會死，蘇格拉底是人，所以蘇格拉底會死。

這個通則在邏輯上跟另外一個通則「所有非 G 都是非 F（所有不會死的都不是人）」完全相等。

因此，找到一個會死的人印證了這個通則，找到一個不會死也不是人的東西也印證了這個通則。根據這一點，韓培爾提出了所謂的「烏鴉悖論」……

128

相信我，
所有烏鴉都是黑的！
證明如下……

1.
所有烏鴉都是黑的，
這表示所有不是黑的
東西都不是烏鴉。

2.
你看我的鞋。
我的鞋不是黑的，
也不是烏鴉。

3.
因此，我的鞋印證了
「所有烏鴉都是黑的」
這個通則。

這不是邏輯本身的問題，而是邏輯造成的問題。

理論上，我們可以檢視宇宙裡所有不是黑的東
西，看它們是否都不是烏鴉，以此證明所有烏
鴉都是黑的。但這顯然不適合當作科學方法，
因為一雙白鞋也可以認證「所有烏鴉都是黑的」
這個定律為真，效力和一隻黑烏鴉相同。問題
出在關聯性：就算我們知道所有網球鞋都是白
的，也看不出這點和烏鴉的顏色有關。

因果問題

韓培爾的律則演繹模型還有一個問題，就是無法區分*因*與*果*。例如，你觀察到氣壓計的讀數和下雨相關，這件事不僅能印證下雨是氣壓計出現某個讀數的「原因」，也能印證氣壓計出現某個讀數是下雨的「原因」。

好的科學方法必須指出因與果的方向，因為沒有人真的相信氣壓計讀數會導致下雨。

這裡有兩項觀察（氣壓計讀數和下雨）能同時印證以下兩個論證⋯⋯

根據韓培爾的模型，這兩種解釋都可能是自然律。

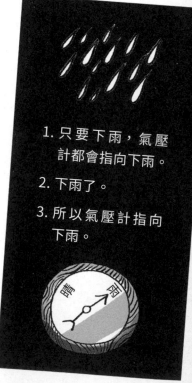

1. 只要氣壓計指向下雨，外面都在下雨。

2. 氣壓計指向下雨。

3. 因此在下雨。

1. 只要下雨，氣壓計都會指向下雨。

2. 下雨了。

3. 所以氣壓計指向下雨。

波普對韓培爾的回應

就算解決因果問題也拯救不了律則演繹。目前幾乎沒人支持這個模型，憑藉某項觀察印證某個定律的主張就這樣無疾而終。波普提出了另一個模型。

就邏輯來說，
「若 F 為自然律，則 G 會發生」和「若 G 沒發生，則 F 不是自然律」是同一回事，但就印證的難度來說，兩者有很重要的區別。

前者需要檢視所有的 G，但這實際上不可能做到，因為我們必須檢視過去發生和未來會發生的一切。

但只要在相應條件下有一個 G 沒發生，我們就能確定 F 不是自然律。

於是，波普便以這點為基礎提出了他的科學方法論。在他看來，真正的科學研究不在*印證*理論，而在*否證*理論。

波普認為，印證問題解決之後，歸納問題就跟著解決了，科學從此找到了穩固的邏輯基礎。

波普的否證理論

某項理論一旦被某個反例否證，就能依據類似歸謬法的演繹推論加以摒棄。

波普的說法很符合科學家的實際作為。就拿牛頓物理學來說吧……

假設
牛頓物理學為真，
我們就應該測到
光以不同速度前進。

可行理論的機率

波普的否證或「可否證性」理論不再視歸納法為科學方法論的核心。如此一來，我們或許就不用再擔心歸納法如何證成和韓培爾在意的印證問題。

由於新理論必須能解釋之前所有的觀察，並做出比舊理論更準確的預測，因此新理論的解釋範圍勢必更廣。隨著科學不斷發展，科學理論愈來愈遠離常識，成功率也愈來愈低。

理論一

事實　事實　事實

事實　事實

解釋五項事實的理論
比解釋十項事實的理論
更可能正確，
純粹是因為前者可被
否證的例子較少。

理論二

事實　事實　事實　事實　事實　事實　事實　事實　事實

隨著科學不斷發展，
理論解釋的事實
愈來愈多，理論為真
的機率將愈來愈低。

波普的主張說服了許多學者，直到蒯因 1951 年發表〈經驗主義的兩個教條〉這篇論文，事情才又有了轉變。

波普認為單一實驗結果就足以否證某個科學理論，例如水星的運行軌跡就能否證牛頓的萬有引力定律。

水星的運行軌跡當然可以否證牛頓的理論，只要觀察是正確的⋯⋯

而且**光學定律**為真⋯⋯

⋯⋯而且這裡和水星之間沒有**未知的干擾**等等，如此類推

所以？

所以有問題的不單是**某一個理論**，而是一整批的可疑假設，每個假設基本上都可能被經驗否證。所以，你怎麼知道哪個假設才是錯的？

呃？？！！

蒯因的信念之網

蒯因認為，邏輯無法讓我們判斷應該否定牛頓力學還是光學定律。倘若一組陳述導致矛盾，那麼至少有一個陳述為假，但邏輯不會告訴我們是哪一個。主張光學定律反覆得到[驗]證是不夠的，因為就邏輯來說，「相信觀察結果」[也]有可能是錯的。

> 將這個想法推到極端，
> 意思就是任何「否證」
> 威脅到的都不只是單一理論，
> 而是所有信念的集合。

> 而我們無法依據邏輯判
> 斷是哪個信念導致了
> 錯誤結論。

蒯因的批評引發的問題是：我們相信「鄉下很美」
這件事為什麼會影響牛頓力學的真假？

我們的所有信念構成了
一個整體，彼此相關，
我稱之為「信念之網」。

蒯因認為，信念之
網只有外圍和經驗
接觸，但受經驗檢
證的卻是整張網。

更動信念之網

改動信念之網的核心部分會衝擊整張網,改動邊緣則是影響較少。一旦核心信念遭到挑戰,就會出現大變化,猶如使徒保羅改信基督宗教那樣。

蒯因表示:「*我們所謂的知識或信念的全體,從最一般的地理學與法律,到最深奧的原子物理學定律,甚至純數學與邏輯,其實是一張人造的網,只有邊緣和經驗有接觸……和經驗相衝突有時會讓網的最核心部分重新調整。*」

每當我們有信念被經驗否證，其實是整張信念之網受挑戰。
蒯因認為我們會想用最少的調整來納入新的經驗，因此會
改動信念之網較薄弱的部分，而非較堅實的部分。

我們選擇否定牛頓力學
而非其他定律，
是因為我們發現這樣對
信念之網的改動較少。

$$E = mc^2$$

儘管如此，
邏輯定律也可能
被調整。

證據不足

如果科學是信念之網，那麼它就是「無法充分決定的」，我們永遠無法取得足夠證據在邏輯上確保科學信念為真。因為我們必須仰賴大量涉及信念之網的隱藏前提，才能導出某個陳述的真或假。如同蒯因所強調的，信念之網只有*外圍*和經驗有接觸。經驗教我們的東西很少，大多數信念都是我們自己編造的。

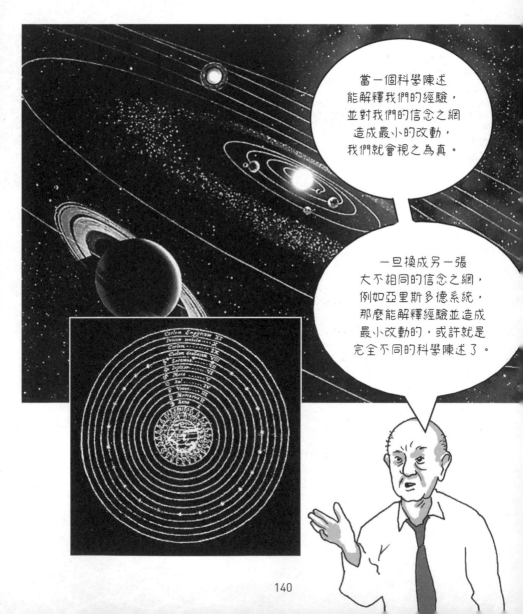

當一個科學陳述能解釋我們的經驗，並對我們的信念之網造成最小的改動，我們就會視之為真。

一旦換成另一張大不相同的信念之網，例如亞里斯多德系統，那麼能解釋經驗並造成最小改動的，或許就是完全不同的科學陳述了。

就連「世界有哪些東西存在」之類的基本問題，也必須根據整張信念之網才能回答。

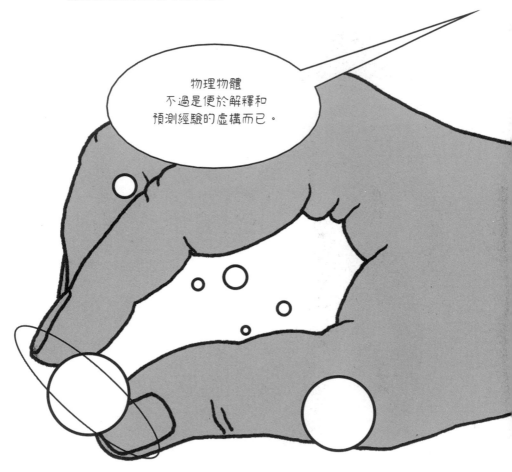

「物理物體是概念上對應情境而設的權宜之物，不是出於經驗，而是一種不可化約的設定；從認識論的角度來看，就好比荷馬筆下的神祇。我必須先澄清一點，身為業餘物理學家，我相信物理物體，不相信神祇；而且我認為相信神祇而不相信物理物體，不符合科學。但是站在認識論的立場上，物理物體和神祇只是程度有異，而非種類不同。」

蒯因的相對主義

蒯因的主張讓不少學者放棄用科學求得客觀真理的希望，科學相對主義因而興起。

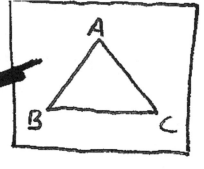

相對主義的特色就是主張科學理論的成功不是來自客觀真理，而是某項特質。

蒯因的主張挑戰了以「簡單」為標準來選擇理論的方式。是什麼讓一個理論比另一個簡單？後世哲學家提出各式各樣的新標準，從政治、經濟效益、實用性到美感都有。

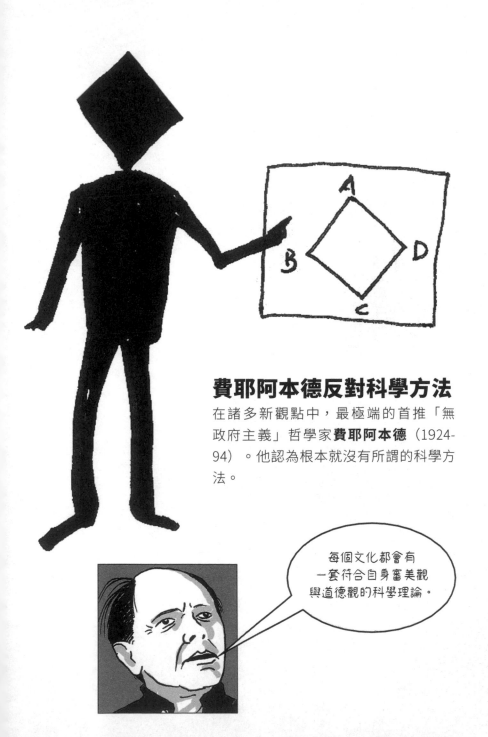

費耶阿本德反對科學方法

在諸多新觀點中，最極端的首推「無政府主義」哲學家**費耶阿本德**（1924-94）。他認為根本就沒有所謂的科學方法。

每個文化都會有一套符合自身審美觀與道德觀的科學理論。

戴維森回應蒯因

對於這些否定科學方法的主張，戴維森深感懷疑。首先，他反對蒯因「邏輯原則上是可修改的」這個主張。

> 想知道如何改動信念之網，必須先曉得改動可能會產生什麼後果。

> 不然我們怎麼曉得改動不會和經驗相衝突？換句話說，我們還是得有一套**證明理論**。

因此，我們不僅無法完全迴避邏輯，這一套證明理論也是不可修改的。因為如果證明理論可以修改，我們就無法判斷改動的後果，所以信念之網至少必須有一個不可更動的核心。

真理的呈現

戴維森繼續批評相對主義：信念之網既然名為信念之網，照理說就該以真理為目標，因為相信*某件事*就等於相信這件事*為真*。因此，所有信念之網都共同以真理為基礎。

真理不是可改動的信念之網的一部分，而是其「框架」的一部分。

因此，不同的信念之網可以依據真理相互比較。

戴維森將真理和邏輯拉高到穩固不移的地位，這點並不令人意外，因為邏輯本來就是研究*真理的呈現*的學問。

真理框架和相對主義

戴維森同意蒯因的看法，科學是無法充分決定的，但不同意蒯因認為科學是一張所有部分都可修改的信念之網，強調這張網只有介於邏輯框架和真理框架之間的部分可以修改。真理是堅實不動的基礎，只有立於其上的結構不斷改進。

科學受邏輯與真理的框限，因此不能為了堅守信念而無視事實。

戴維森表示科學是一種接近真理的方式，但他並沒有提供什麼接近真理的方法，也沒有替科學方法提出證成，以致於並未說服堅定的相對主義者。

認知科學與邏輯

邏輯除了對科學方法論很重要，有一些科學學門也明顯應用邏輯，甚至公開地企圖讓自己符合邏輯，而電腦正是這股趨勢的幕後推手。就像我們對電腦內部的電路設計一無所知，也能探討電腦程式，認知科學家也希望不用掌握大腦細胞的運作機制就能理解人類意識，因為我們對大腦所知非常有限。

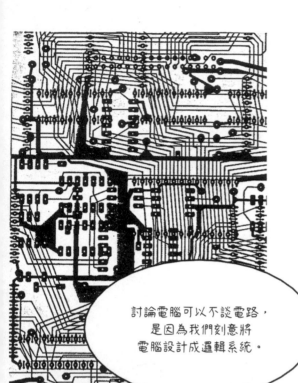

討論電腦可以不談電路，是因為我們刻意將電腦設計成邏輯系統。

而認知科學的共同假設就是將心靈看成類似電腦的邏輯系統。

圖靈非常支持這個假設，多次嘗試製造史上第一台數位電腦。而認知科學之所以蓬勃發展，主要便是歸功於電腦的成功與杭士基語言學的崛起。

杭士基的普遍文法

杭士基（b. 1928）對語言學的興趣起自語言學習的一個關鍵問題。當時認為孩童是靠著模仿成人而學會語言的，然而實驗證明孩童可以造出他們從來沒聽過、但文法正確的句子。三歲孩童會糾正成人的文法，卻不會針對事實糾正成人。

限定詞 形容詞 名詞 動詞 名詞片語

為了解釋這現象，我認為一定有某種先天的「普遍文法」。每個孩童的大腦天生都內建了特定文法規則。

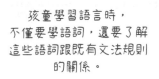

孩童學習語言時，
不僅要學語詞，還要了解
這些語詞跟既有文法規則
的關係。

威爾斯語

斯洛伐克語

捷克語

葡萄牙語

英語

法語

烏爾都語

印度語

阿拉伯語

詞彙

子句結構

性別

語詞順序

普遍文法

杭士基認為人腦內建的普遍文法
足以造出所有語言，因此所有人
類語言都出於同一個普遍結構。
普遍文法裡包含句法架構，任何
人類語言的文法都由這些句法架
構決定，例如*語詞順序*、名詞和
動詞是否有**分性別**，以及**子句**的
構造方式。

名詞和動詞分類

這套內建文法將語詞分成有系統的類別。對孩童來說，這些類別是與生俱來的。他們學習語言時除了學習詞彙，也會學習某個語詞屬於哪個類別。這些類別再加上幾條簡單的句法規則，就決定了語詞如何組成句子。而在所有語詞類別當中，最重要的是*名詞*和*動詞*。

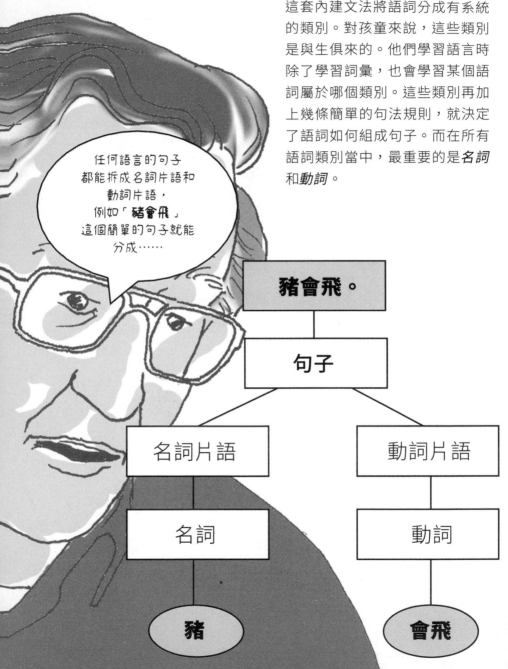

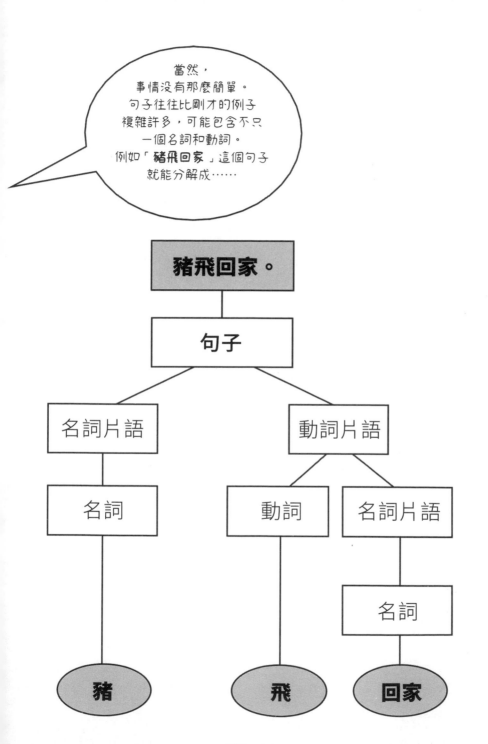

對於可能包含名詞片語、動詞片語和其他句子的複雜語句，
杭士基也必須提出解釋。例如……

「約翰認為豬會飛。」

這句話可以拆解成……

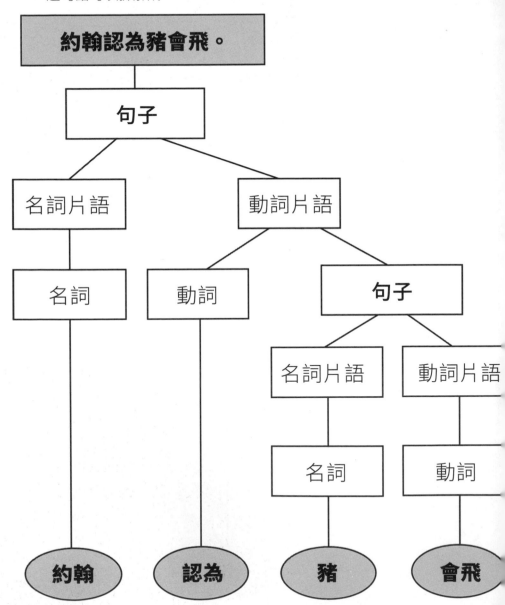

文法的遞迴規則

普遍文法的建構規則是*遞迴*的。所謂「遞迴」就是對後續結果反覆使用同一條規則、定義或程序。杭士基認為普遍文法必須使用遞迴規則，才能解釋我們有辦法造出無限長的句子。但光是這樣還不夠。語言的造句結構非常多樣，許多都需要新增組合規則。由於增加的規則太多，杭士基不得不提出語言有一個潛在結構，以支持自己的理論。

普遍文法規則

實際語句（無窮）

雖然我們需要愈來愈多規則才能解釋語言的千變萬化，但這些規則似乎都依循相同的遞迴模式。

一旦找出這個模式，所有規則都能回溯到這個更抽象的單一文法系統。

X 標杆理論

杭士基宣稱只要一組簡單的遞迴規則，就能解釋任何符合文法的片語如何組成。他替這個理論取了一個很好記的名字，叫「X 標杆理論」。

在 X 標杆理論中，x 和 y 代表文法類別，x 標杆和 y 標杆代表相應的文法片語，而組合規則是：x 標杆＝x＋y 標杆。這是個很簡單的遞迴式。

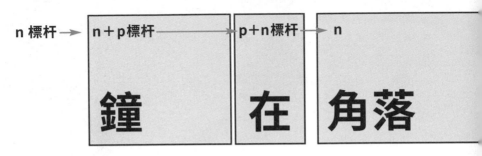

n 標杆 → n＋p標杆 → p＋n標杆 → n

鐘　在　角落

> 根據 X 標杆理論，這個句子的構造是這樣……

符號

n 標杆	名詞片語
p 標杆	介系詞片語
n	名詞
p	介系詞

邏輯理論

杭士基相信 X 標杆理論既能解釋語言學習的過程，也可以解釋人類為何本能就能理解母語。他認為只要加上適當的語詞排序機制和轉換規則，X 標杆理論就足以解釋任何語言的文法構造。

X 標杆理論是一套邏輯理論，因為它注重形式勝於內容，並且注重如何反覆使用少數簡單規則來建構符號串。

> 我認為人生來腦中就建有語言機制，並且這一套語言機制可以表述成一套邏輯程式。

倘若杭士基說得沒錯，那我們理解自然語言就好比根據內建文法進行運算。

受到這個看法影響，不少重要哲學家主張人腦某種程度上不過是一台遵循杭士基規則建構語言的複雜電腦。

句法和語意學的問題

基本上，杭士基語言學是從「理論模型」的角度看待自然語言。雖然杭士基本人在乎句法勝過語意，但也明白對英語之類的語言來說，句法和語意是無法完全分家的。

杭士基發現，若想解釋為何有些句子句法正確，卻完全空洞無意義，就必須理解句中每個語詞的語意。

這個句子乍看是很簡單的「**主詞－動詞－受詞**」句，但顯然是胡言亂語。

我們不能說這種構句不合文法，因為同類句子絕大多數都沒問題。

例如，「我開除了她。」

她。

因此，這兩句話一個文法正確，一個文法不正確，差別必然出在動詞的**意義**。

於是，我加入了一組描述語詞表現的判準。

這些判準比單純區別名詞片語和動詞片語更複雜，更詳細界定了哪些語詞能結合組成句子。

杭士基提出的判準包括一個語詞是**主動**或**被動**，以及是否蘊含**意圖**等等，並且將相關使用規則納入他的語意模型中。這套高度複雜的模型至今還在不斷修正。

複雜文法結構

面對結構化的語言，如英語和法語，杭士基語言學一開始大獲成功。但這些語言底下有不少方言，像是倫敦藍領階級的押韻俚語或巴黎人的倒讀隱語，還有非常多的地方口音。為了解釋這些方言與口音，杭士基語言學不得不一直增加新的文法結構。

簡單的文法階層
有點像這樣……

深層文法
（X 標杆理論）

語音形式
（發音問題）

邏輯形式
（文法裡的語意問題，例如「**我開除了她**」這句話文法正確，「**我哭了她**」這句話文法不正確）

表層文法
（語詞順序等等）

每個階層都包含大量資訊和一組個別的遞迴規則，而整個結構又和其他複雜結構並行，包括*詞彙*和*詞法*，也就是語詞本身的結構。

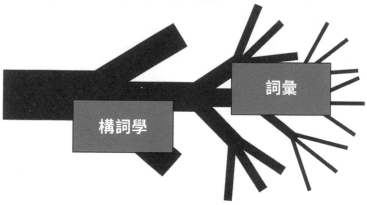

詞彙

構詞學

弄到後來，整套語言系統涉及的資訊實在太多，感覺人類應該無法演化出如此複雜的結構。這就引來一個問題：新生兒的大腦是否真的有足夠的空間或結構，可以容納這一切資訊。

「普遍」文法的問題

當我們轉而檢視非西歐語言，如斯拉夫語、閃族語和原住民語言，普遍文法的假設就更站不住腳了。語詞順序在這些語言裡幾乎一點也不重要，即使有些造句結構確實更常用，但很少有哪些結構是真的不合文法的。

某些語言沒有抽象名詞，證明語言沒有這類詞彙也能運作。這讓我們對「人天生就能理解抽象名詞」的主張產生懷疑。

然而，我們仍然需要解釋人類學習語言為何又快又好。「語言系統存在著一組有限多的公理」是不錯的解釋。

不過，生成語言學還是一門相當新穎的科學，不難想見必須進一步發展才能解釋棘手的語言現象，只是目前我們沒有更好的解釋了。

符號大腦模型

由於杭士基語言學的成功，許多哲學家和心理學家開始嘗試用杭士基解釋語言的方式解釋人類心智的所有活動，將心靈想像成大腦中巨量邏輯操作的結果。這項嘗試大致可分成兩個陣營，各使用一種邏輯系統，可以看成兩個模型：I 機器人和 Y 機器人。

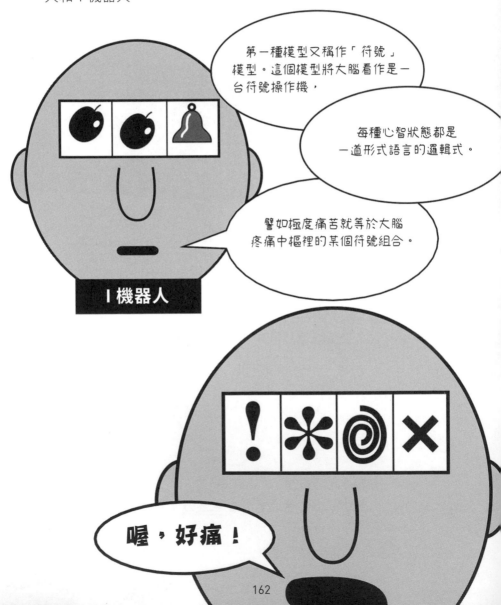

第一種模型又稱作「符號」模型。這個模型將大腦看作是一台符號操作機，

每種心智狀態都是一道形式語言的邏輯式。

譬如極度痛苦就等於大腦疼痛中樞裡的某個符號組合。

I 機器人

喔，好痛！

162

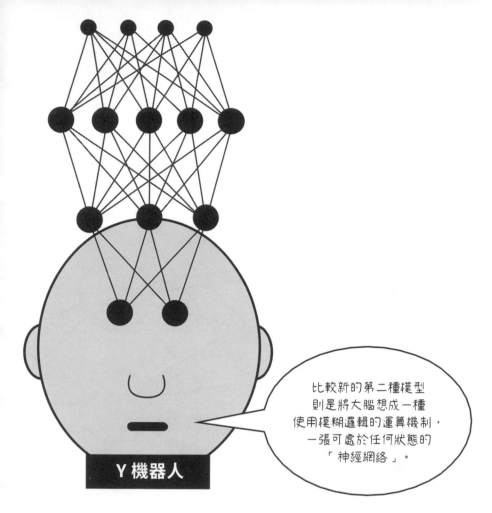

比較新的第二種模型則是將大腦想成一種使用模糊邏輯的運算機制，一張可處於任何狀態的「神經網絡」。

Ｙ機器人

神經網絡由行為類似大腦細胞（神經元）的單位組成，如神經元般彼此相連，能進行多重輸入和輸出，至於回應則取決於接收到的輸入會產生什麼樣的整體效應。網絡內的運算過程和形式演繹不同。我們只能用統計的方式建構網絡的行為，因此對個別網絡所知甚少。

一個簡單的神經網絡
看起來就像這樣⋯⋯

訓練神經網絡

假設我們想訓練神經網絡依據文本生成「口說」中文，那麼輸入會是文字，輸出會是聲音，而「神經元」必須學會正確連結兩者，方法是賦予每筆輸入和輸出特定的權重，也就是每個連結（圖中的直線）乘上不同數值。

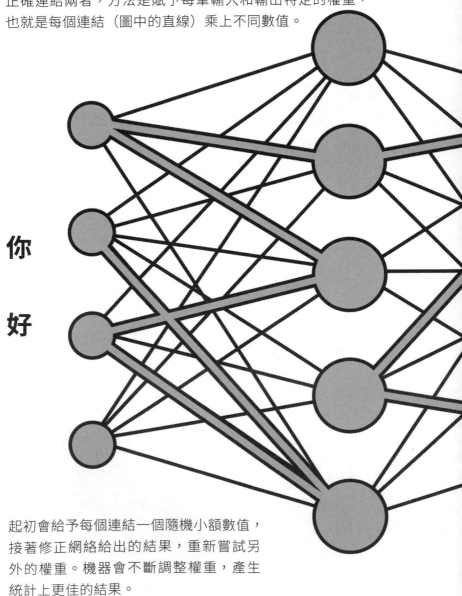

你

好

起初會給予每個連結一個隨機小額數值，接著修正網絡給出的結果，重新嘗試另外的權重。機器會不斷調整權重，產生統計上更佳的結果。

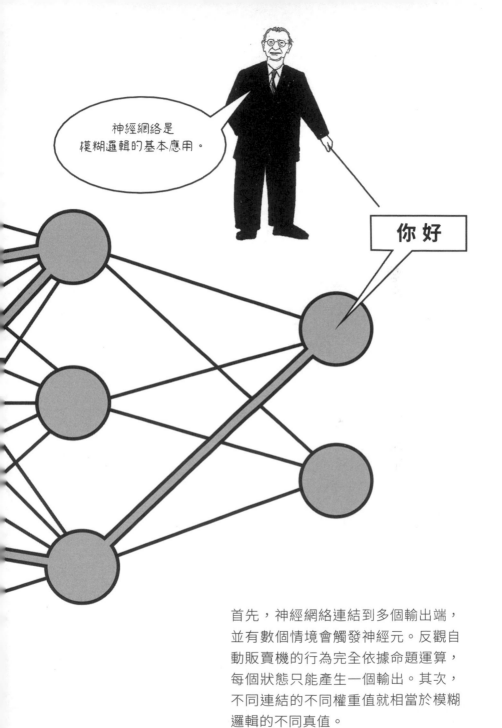

首先，神經網絡連結到多個輸出端，
並有數個情境會觸發神經元。反觀自
動販賣機的行為完全依據命題運算，
每個狀態只能產生一個輸出。其次，
不同連結的不同權重值就相當於模糊
邏輯的不同真值。

模式辨識

比起數位計算機，神經網絡非常擅長*辨識模式*。這使得神經網絡非常能依據文本發出讀音，不像傳統電腦老是搞錯。神經網絡要辨識音樂也沒問題……

但它可能無法精確告訴你每個音符。

數位電腦要辨識音符很容易，但很難辨識音樂風格。

人腦似乎也是如此。人很輕鬆就能辨識各種事物，卻可能花費多年還學不會數學。

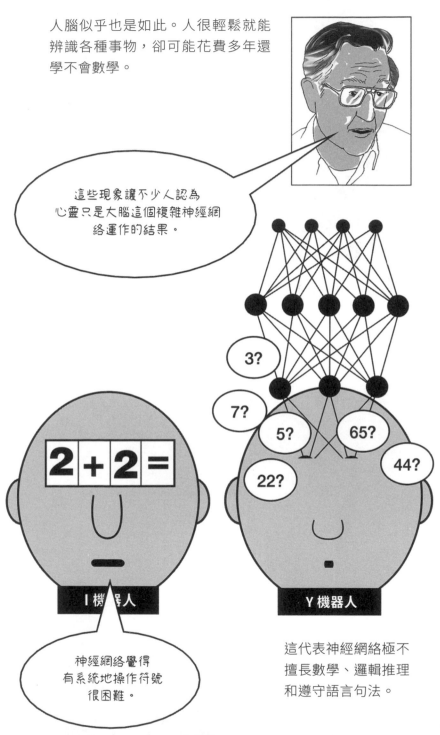

這些現象讓不少人認為心靈只是大腦這個複雜神經網絡運作的結果。

3?

7?

5?

65?

44?

22?

2 + 2 =

I 機器人

Y 機器人

神經網絡覺得有系統地操作符號很困難。

這代表神經網絡極不擅長數學、邏輯推理和遵守語言句法。

理性行為模型

目前的主流設定是將心靈視為一個會產生理性行為的模型。根據這個理論，有意識的心靈的主要特徵就是*依據*理由而行動。一些認知心理學家認為，這是因為人腦內建了理性行為模型。

他們主張人是倚靠這個模型來理解自己的心理行為和他人行動。這個構想主要根據亞里斯多德的實踐三段論……

我的邏輯三段論主要探討達成有效結論的有效論證形式。

實踐三段論則是探討導出行動的有效理由。

實踐理性

在實踐三段論中，大前提陳述慾望，例如「我想吃東西」。小前提陳述信念，例如「冰箱裡有食物」。

這兩個前提會導出採取某種行動的結論：「我應該去開冰箱」。

他們還主張人擁有某種「權衡機制」，能從需求裡導出目標，再加上對世界的圖像，就能產生行動的理由。這就稱作「信念／慾望」模型。

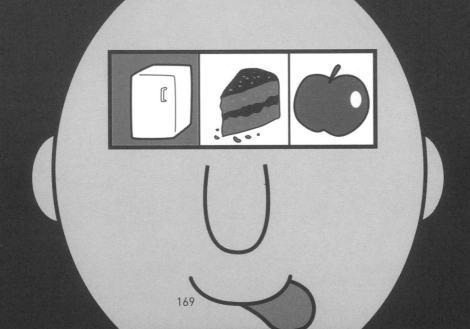

許多認知心理學家認為我們的心靈具備這個世界的圖像，其中包含許多我們認定為真的事物。

什麼是意識？

儘管絕大多數認知心理學家和心靈哲學家都抱持這個「實踐」觀，但仍然有許多未解的歧見。

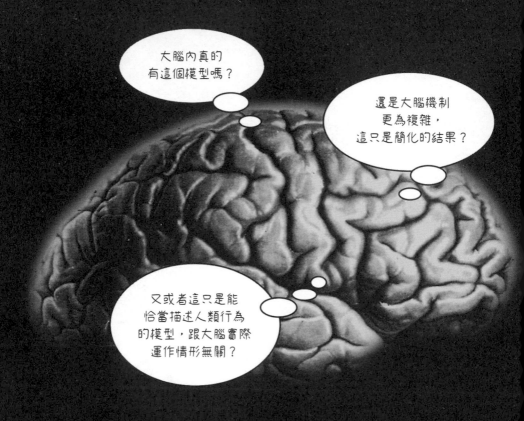

不論歧見為何，這些學者都認為大腦是按照理性思維運作的機器，人的意識是大腦內電化學反應的結果，宛如一台極度複雜的邏輯運算機。不論這個說法有沒有說服力，依然有許多學者努力破解人類意識這個電腦程式。

邏輯的地位

人類所有探求都有邏輯參與其中。所有好的論證都該符合邏輯，必須遵循邏輯法則證明結論會從前提導出。邏輯本身很少主張什麼。它是工具，是分析事理的方法。

所以，邏輯不會斷言多數人的需求比少數人的需求更重要嗎？

是的，邏輯不會如此斷言，但它確實提供一種方式，讓你從某些前提導出這個結論。

邏輯的用處不僅於此。現代邏輯著重句法規則，這有廣泛的用途，從數位電路到分析語言都用得上。

維根斯坦改變看法

邏輯似乎和我們的生活密不可分，但不是所有人都認為邏輯如此重要。維根斯坦在他思想後期就拋棄了這樣的想法，不再如年輕時那麼看重邏輯。他曾經和圖靈有過一場知名的談話，強調實踐後果比理論考量更重要。他對邏輯所扮演角色的懷疑，帶來了哲學觀點的轉變。

維根斯坦轉而認為哲學重要的不是論證，而是讓人從新的視角觀看事物。

如同建築，從事哲學其實更像是研究自己，探究自己的思考，以及如何觀看事物。

假設有人認為他找到了「人生問題」的解答……那他只要想到人在找到「解答」之前還是有辦法活著，就可以否定這個解答了……

邏輯遇到的狀況就是如此。

假設邏輯問題真有「解答」，那我們必須提醒自己，在它們還沒解決之前，人還是有辦法活著和思考。

在邏輯獲致如此具體成功的二十世紀末，或許不難想見認同維根斯坦這個新看法的人並不多。邏輯仍然持續在西方科學、數學和技術方面扮演吃重的角色。

延伸閱讀

• 希臘邏輯

Aristotle, "Prior Analytics", in J. Barnes (ed.), *The Complete Works of Aristotle*, Princeton University Press (1984). 亞里斯多德對自己的邏輯系統做了最完整的說明。

* 譯註：中文版《分析學前編：論證法之分析》，呂穆迪譯，臺灣商務，2010。

Barnes, J. (ed.), *The Cambridge Companion to Aristotle*, Cambridge University Press (1995). 書中論文從各方面探討了亞里斯多德哲學，包括史密斯（R. Smith）一篇對亞里斯多德邏輯的出色討論。

Gerson, L.P. and Inwood, B. (trans.), *Hellenistic Philosophy: Introductory Reading,* Hackett (1998). 書中收錄後亞里斯多德哲學的作品選譯，對斯多噶學派的邏輯系統也有不少討論。

• 邏輯與數學

Frege, G., *Begriffsschrift* (1879). 英譯收錄於 J. van Heijenoort (ed.). 書中說明弗雷格的形式邏輯工具。這些工具為後來超越他的發展奠定了基礎。

* 譯註：簡體中文版收入《弗雷格哲學論著選輯》，王路譯，商務，2006。

—— *The Foundations of Arithmetic*, trans. J.L. Austin, Blackwell (1953). 在這本備受推崇的作品中，弗雷格以較不嚴謹的口吻闡述自己對數字性質的觀點，以及他對語言哲學的幾個重要主張。

* 譯註：簡體中文版《算術基礎》，王路譯，商務，2009。

—— *The Basic Laws of Arithmetic*, trans. M. Furth, University of California Press (1964). 這本書結合了前兩本著作的內容。

Gödel, K., "On Formally Undecidable Propositions of Principia Mathematica and Related Systems", in Kurt Gödel: Collected Works, vol. 1, ed. S. Feferman, Oxford University Press (1990). 不完備定理的出處。必須夠了解形式邏輯才有辦法讀懂。

van Heijenoort, J. (ed.), *From Frege to Gödel: A Source Book in Mathematical Logic, 1879–1931*, Harvard University Press (1967). 這本選輯非常有用，收錄了弗雷格、希爾伯特、布勞威爾和哥德爾的文章，但不適合初學者閱讀。

Hilbert, D., "On the Infinite", in J. van Heijenoort (ed.). 希爾伯特在文中完整闡述了自己對數學基礎的看法。

Kenny, A., *Frege*, Penguin (1995). 本書介紹弗雷格的主要思想，淺顯易懂，不必有基本概念也能讀懂。

Nagel, E. and Newman, J.R., *Gödel's Proof*, Routledge (1959). 本書對哥德爾證明做了簡潔清晰又好讀的介紹。

Russell, B. and Whitehead, A.N., *Principia Mathematica* (1910–13), second edition, Cambridge University Press (1994). 這本兩大冊的巨著嚴謹闡述了算術的基礎。

Russell, B., *Introduction to Mathematical Philosophy*, Allen and Unwin (1919), reprinted by Routledge (1993) 並附上新的導論。本書以較不嚴謹、較簡短的篇幅闡述算術的基礎。

• 邏輯與語言

Carnap, R., "Intellectual Autobiography", in Paul A. Schlipp (ed.), *The Philosophy of Rudolf Carnap*, Open Court Publishing (1963). 卡納普在文中以較淺顯的方式交代了自己的智性發展歷程。

── *The Logical Syntax of Language*, trans. Amethe Smeaton, Kegan Paul, Trench, Trubner & Co. (1937). 卡納普闡述其理論的大部頭著作。

＊譯註：簡體中文版《語言的邏輯句法》，夏年喜、梅劍華譯，商務，2022。

Chomsky, N., *Generative Grammar: Its Basis, Development and Prospects*, Kyoto University of Foreign Studies (1988). 本書為生成文法系統的早期闡述，因此比較不複雜晦澀。

Davidson, D., *Inquiries into Truth and Interpretation*, Oxford University Press (1984). 戴維森的語言論文集，包括 "Truth and Meaning" (1967) 和 "Radical Interpretation"(1973) 兩篇論文。

Heaton, J. and Groves, J., *Introducing Wittgenstein*, Icon Books (1999). 本書雖然「只是」概略介紹，但在闡述維根斯坦早期和晚期思想的作品當中算是較為出色的。

Maher, J. and Groves, J., *Introducing Chomsky*, Icon Books (1999). 本書簡介杭士基思想，淺顯易讀。

Neale, S., *Descriptions*, MIT Press (1990). 本書清楚說明了羅素的描述理論並加以捍衛。

Russell, B., "On Denoting" (1905), reproduced in *Logic and Knowledge: Essays 1901–1950*, Allen and Unwin (1956). 羅素論描述理論的經典論文，和他在 *Introduction to Mathematical Philosophy*（《數學哲學導論》）第十六章闡述的內容差不多。

Wittgenstein, L., *Tractatus Logico-Philosophicus,* Routledge. 英譯版有二，1922 年由歐格登（C.K. Ogden）翻譯的版本得到維根斯坦本人認可，1961 年由皮爾斯和麥吉尼斯（D.F. Pears and B.F. McGuiness）翻譯的版本則是較多人使用。本書是二十世紀最難懂但讀完收穫最多的哲學著作之一，圖像論和真值表都源自於此。

＊譯註：簡體中文版《邏輯哲學論》，韓林合譯，商務，2013。

── *Philosophical Investigations*, trans. G.E.M. Anscombe, Blackwell (1953). 這本書對其之前（包括維根斯坦自己的《邏輯哲學論》）與之後的大多數主張都做了出色又充滿啟發的反駁。

＊譯註：簡體中文版《哲學研究》，韓林合譯，商務，2013。

• 邏輯與科學

Davidson, D., "On the Very Idea of a Conceptual Scheme" (1974), reprinted in his *Inquiries into Truth and Interpretation*. 本書對相對主義提出了言詞犀利又有力的攻擊。

Hume, D., *A Treatise of Human Nature* (1739), ed. D.F. Norton and M.J. Norton, Oxford University Press (2000). 另一本劃時代的哲學著作，也是歸納懷疑主義的開端。

* 譯註：簡體中文版《人性論》，關文運譯，商務，2016。

Kuhn, T.S., T*he Structure of Scientific Revolutions* (1962), second edition, University of Chicago Press (1970). 一本主張相對主義的出色作品，文筆清晰，論理有據。

* 譯註：中文版《科學革命的結構》，程樹德、傅大為、王道還譯，遠流，2017 三版。

Popper, K., *Objective Knowledge: An Evolutionary Approach*, Clarendon Press (1972)：波普在書中反駁「科學需要歸納法」的主張。

Quine, W.V.O., "Two Dogmas of Empiricism" (1951), reprinted in his *From a Logical Point of View*, Harvard University Press (1953). 經典論文。最後一段簡短的介紹了信念之網。

* 譯註：中文版《從邏輯的觀點看》，陳中人譯，結構群文化事業有限公司，1990。

• 悖論

Sainsbury, M., *Paradoxes*, second edition, Cambridge University Press (1995).

Williamson, T., *Vagueness*, Routledge (1994). 整本書都在談堆垛推論。

• 教科書

Larson, R. and Segal, G., *Knowledge of Meaning: An Introduction to Semantic Theory*, MIT Press (1995). 這是介紹形式語意學理論最接近教科書，也最好讀的一本作品了。

Machover, M., *Set Theory, Logic and Their Limitations*, Cambridge University Press (1996). 備受好評的進階教科書。

Tomassi, P., *Logic*, Routledge (1999). 基礎邏輯教科書汗牛充棟，這本是頂尖中的頂尖。

譯名對照表

X 標杆理論　　X-bar Theory

一致性　　consistency

三段論　　syllogism

工具（論證的）　　organon

不完備定理　　Incompleteness Theorem

不融貫　　incoherent

元數學　　metamathematics

公理　　axiom

公理方法　　axiomatic method

分配律　　distributive law

世界的邏輯構造（卡納普著作）
Der Logische Aufbau der Welt (The Logical
Structure of the World)

卡納普　　Rudolf Carnap

古典邏輯　　classical logic

句式（塔斯基的）　　schema

句法架構　　configuration

四角對當　　square of opposition

布勞威爾　　L. E. J. Brouwer

弗雷格　　Gottlob Frege

交雜（類型的）　　crossover

休謨　　David Hume

休謨之叉　　Hume's Fork

全稱句　　universal

同一律　　law of identity

名實不符詞　　heterology

多值邏輯　　many-valued logic

自我指涉悖論　　self-referential paradox

克律西波斯　　Chrysippus of Soli

否證理論　　disconfirmation theory

希爾伯特　　David Hilbert

希爾伯特空間　　Hilbert Space

形式主義　　formalism

形式身分　　formal identity

我不存在（盎格論文）　　I Do Not Exist

命題　　proposition

命題運算　　Propositional Calculus

杭士基　　Noam Chomsky

波洛克　　Jackson Pollock

波普　　Karl Popper

直覺主義　　intuitionism

直覺邏輯　　intuitionistic logic

表層文法　　surface grammar

非矛盾律　　law of non-contradiction

信念之網　　web of belief

律則演繹　　nomological deduction

後設語言　　metalanguage

恆真句　　tautology

相對主義　　relativism

述詞　　predicate

述詞運算　　Predicate Calculus

哥德爾　　Kurt Gödel

哥德爾定理　　Gödel's Theorem

埃利亞的芝諾　　Zeno of Elea

容忍原則　　tolerance principle

恩尼格瑪密碼　　the Enigma code

殊稱句　　particular

盎格　　Peter Unger

真值表　　Truth Table

真值條件　　truth condition

真理與意義（戴維森論文）
Truth and Meaning

神經網絡　　neural net

脈絡原則　　the context principle

停機問題　halting problem

培根　Francis Bacon

堆垛悖論　Heap Paradox/Sorties Paradox

康托爾　Georg Cantor

排中律　law of excluded middle

理性行為模型　rational behavior model

笛卡兒　René Descartes

符號邏輯　symbolic logic

連接詞　connective

單稱句　singular

普特南　Hilary Putnam

普遍文法　universal grammar

替代律　law of substitution

無對象名字　bearerless name

等價的　equivalent

萊布尼茲　Gottfried Leibniz

費耶阿本德　Paul Feyerabend

量詞　quantifier

集合論　set theory

塔斯基　Alfred Tarski

愛麗絲鏡中奇遇（路易斯・卡羅著作）
Through the Looking-Glass

概念文字（弗雷格著作）
Begriffsschrift

經驗主義的兩個教條（蒯因論文）
Two Dogmas of Empiricism

聖巴斯弟盎　Saint Sebastian

路易斯・卡羅　Lewis Carroll

圖靈　Alan Turing

構造性證明　constructive proof

演繹法　deduction

維也納學圈　the Vienna Circle

維根斯坦　Ludwig Wittgenstein

蒯因　Willard Quine

認知科學　cognitive science

語言的邏輯句法（卡納普著作）
Logische Syntax der Sprache (The Logical Syntax of Language)

語詞順序　word order

構詞學　Morphology

語意學　semantics

說謊者悖論　liar's paradox

遞迴　recursion

摩根斯特恩　Oskar Morgenstern

數理邏輯　mathematic logic

數學原理（羅素和懷德海著作）
Principia Mathematica

數學哲學導論（羅素著作）
Introduction to Mathematical Philosophy

模型論語意學　model theoretic semantics

模糊邏輯　fuzzy logic

盧卡西維茨　Jan Lukasiewicz

彌爾　John Stuart Mill

戴維森　Donald Davidson

韓培爾　Karl Hempel

歸納法　induction

歸謬法　reductio ad absurdum

懷德海　Alfred North Whitehead

羅素　Bertrand Russell

羅斯科　Mark Rothko

證明理論　proof theory

類型論　the theory of types

邏輯哲學論（維根斯坦著作）
Tractatus Logico-philosophicus

邏輯閘　logic gate

Education 10

大話題：邏輯
Logic: A Graphic Guide

作者／丹·克萊恩 (Dan Cryan)、夏隆·謝帝爾 (Sharron Shatil)
繪者／比爾·梅比林 (Bill Mayblin)
譯者／賴盈滿
全書設計／陳宛昀
責任編輯／賴書亞
行銷企畫／陳詩韻
總編輯／賴淑玲
出版者／大家出版／遠足文化事業股份有限公司
發行／遠足文化事業股份有限公司（讀書共和國出版集團）
地址／231新北市新店區民權路108-2號9樓
客服專線／0800-221-029 傳真／02-2218-8057
郵撥帳號／19504465
戶名／遠足文化事業股份有限公司
法律顧問／華洋國際專利商標事務所 蘇文生律師
初版一刷／2023年3月
初版三刷／2023年8月

ISBN 978-626-7283-01-1（平裝）
ISBN 978-626-7283-08-0（PDF）
ISBN 978-626-7283-09-7（EPUB）
定價／320元

國家圖書館出版品預行編目資料

大話題：邏輯 / Dan Cryan, Sharron
Shatil作；Bill Mayblin繪；賴盈滿譯.
-- 初版. -- 新北市：大家出版：遠足
文化事業股份有限公司發行, 2023.03
　　面；　　公分. -- (Education; 10)
譯自：Introducing logic : a graphic guide.
ISBN 978-626-7283-01-1(平裝)

1.CST: 邏輯

150　　　　112000171

LOGIC: A GRAPHIC GUIDE
by DAN CRYAN, SHARRON SHATIL AND
BILL MAYBLIN
Copyright © 2013 by ICON BOOKS LTD
This edition arranged with The Marsh
Agency Ltd & Icon Books Ltd.
through Big Apple Agency, Inc., Labuan,
Malaysia.
Traditional Chinese edition copyright:
2023 Common Master Press, an imprint of
Walkers Cultural Enterprise Ltd.
All rights reserved.